虐待・トラウマを受けた乳幼児の心理療法

発達と愛着の回復をめざして

Treating Infants and Young Children Impacted by Trauma:
Interventions That Promote Healthy Development

ジョイ・D・オソフスキー
Joy D. Osofsky

フィリップ・T・ステプカ
Phillip T. Stepka

ルーシー・S・キング
Lucy S. King

［著］

大藪 泰
Yasushi Oyabu

［監訳］

小室愛枝
Yoshie Komuro

［訳］

日本評論社

TREATING INFANTS AND YOUNG CHILDREN IMPACTED BY TRAUMA:
Interventions That Promote Healthy Development
by Joy D. Osofsky, PhD, Phillip T. Stepka, PsyD, and Lucy S. King

This Work was originally published in English under the title of: **Treating Infants and Young Children Impacted by Trauma**: *Interventions That Promote Healthy Development*,
as a publication of the American Psychological Association in the United States of America.
Copyright ©**2017** by the American Psychological Association (APA).
The Work has been translated and republished in the Japanese language by permission of the APA.
This translation cannot be republished or reproduced by any third party in any form
without express written permission of the APA.
No part of this publication may be reproduced or distributed in any form or by any means,
or stored in any database or retrieval system without prior premission of the APA.

Japanese translation published by arrangement with American Psychological Association
through The English Agency (Japan) Ltd.

日本の読者の皆様へ

　世界中の幼い子どもたちは、乳児期と幼児期前期に、自然災害や科学技術災害といった環境要因、また家族の内部で生じる虐待、ネグレクト、DV［訳注1］といった暴力に由来する広範囲のトラウマティックな経験にさらされています。ですから、幼い子どもたちにあたえるトラウマの影響についての情報や、そうした子どもたちとその家族を支援するエビデンスに基づく治療法に関する情報を共有できることをたいへんうれしく思います。本書が日本語に翻訳されることで、トラウマにさらされた幼い子どもたちと接する日本の臨床家やその他の関係者は、そうしたトラウマがもつ衝撃、そして介入や治療についてより多くの知識を得ることになるはずです。

　アメリカ合衆国で実施された子ども時代の逆境的体験に関する研究では、生後3年以内の幼い子どもたちは、それより年長の子どもたちよりも、トラウマにさらされる確率が高いことが示されています。さらに、幼い子どもたちは、脳の発達が急速であり、また養育や支持的なケアが非常に重要な時期にあるため、いっそう傷つきやすいのです。本書が、読者を後押しすることにより、生後数年の幼い子どもたちに対するより効果的な予防や介入の方略に気づき、それを発展させることを願っています。この乳児期と早期幼児期という時期は、認知的、社会的、情動的成長にとってとりわけ大切な時期です。そのうえ、生後最初の数年間で

［訳注1］domestic violence の略。家庭内暴力、特に配偶者やパートナー同士の身体的・精神的暴力を指す。以下 DV と表記する。

経験する逆境やトラウマは発達的にきわめて有害でありうるのだ、ということを明確に理解することがたいへん重要な時期でもあるのです。すでに述べた子ども時代の逆境的体験に関する研究によれば、最も早期にトラウマや他の逆境的体験（例：DV、虐待、ネグレクト）にさらされた子どもでは、児童期の中期から青年期にかけてはさまざまな困難を、また成人期になると心身の健康の問題（例：抑うつ、不安、心臓疾患）を抱えるリスクが高くなることがわかっています。

　幼い子どもたちは、精神的な保護と身体的な世話の両面で、大人にきわめて依存していることを理解して、心身の健康の専門家は乳児と幼児の発達におよぼすトラウマの影響にもっと注意を払うようになることが大切です。治療の主な目標は、子どもと養育者との関係をよりしっかりと構築し、その後さらに深刻な問題が起こらないようにしながら正常な発達の軌道に戻すために、幼児とその養育者と協力し合って彼らを支援することです。

　子どもの発達や子どもの心と行動の医療分野で働く専門家としてのトレーニングを受ける人々には、認識の程度がどうであれ、トラウマが幼い子どもたちの心の健康に影響することや、一部の幼い子どもたちは傷つけられやすいことを理解することが重要になります。たとえば、アメリカ合衆国で行われた研究によれば、貧困な生活を送る子どもたちの49％がトラウマにさらされ、他の子どもたちより2〜5倍も暴力を受けやすいのです。子ども時代に受けたトラウマ曝露の用量反応効果は、トラウマが累積すると子どもが長期的な問題を抱えるリスクが高まるといった現象として見出されています。ルイジアナ州立大学健康科学センター (Louisiana State University Health Sciences Center) のハリス乳幼児精神保健センター (Harris Center for Infant Mental Health) の発展とそこでの実践、ならびに世界乳幼児精神保健学会 (World Association for Infant Mental Health：WAIMH) やアメリカ乳幼児・家族センターゼロトゥースリー (ZERO TO THREE: National Center for Infants, Toddlers and Families) で長年にわたって仲

間と協働したことで、私たちは幼い子どもたちはトラウマによって影響されないという神話を払い去る方法を学ぶことができました。そのうえ、早期の介入と治療によって違いが生じるという前向きなエビデンスがあります。本書の主な目的は、幼い子どもたちへのトラウマの衝撃に関わっている心理学者、精神科医、ソーシャルワーカー、カウンセラー、小児科医、子どもの発達の専門家、その他の保健領域の専門家といった人々を教育するための資源を開発することです。こうした子どもたちの支援に有効な子ども－親心理療法（Child-Parent Psychotherapy）、愛着・生体行動的回復療法（Attachment and Biobehavioral Catch-Up Intervention）、親子相互交流療法（Parent-Child Interaction Therapy）といった、エビデンスに基づいて広く用いられている治療法について、行動の健康に関わる専門家たちが広く学ぶことが重要です。また、幼い子どもたちが言葉を使うようになる前にどのようにして自分の気持ちを伝えるかを読者が理解できるように、行動観察と遊びの重要性についても検討します。本書で論じられる３つの治療法は、幼い子どもたちに期待される行動の発達的理解に基づいており、また子どもや家族とともにある背景や信念と結びつく社会－文化的視点に統合されます。トラウマとなる事象にさらされる乳児や幼い子どもたちを支える親子関係の重要性をいたるところで強調しますが、それは子どもたちの安全感というものが信頼と養護的な関係性を備えた肯定的な経験に基づくものだからです。

　幼い子どもたちを理解しようとするすべての専門家のトレーニングでは、乳児の精神保健に関わる理論、研究、そして治療に対する豊かになった情報への意識を高め、それらを備えておくことが大切になっています。乳児と幼い子どもたちのトラウマティックな反応は、発達の遅れ、あつかいづらい気質、あるいは行動上の問題として誤って解釈されたり間違った診断をされたりすることが多いため、早期の識別、評価、そして治療には特別なトレーニングが有効なのです。脳の発達や早期のトラウマによる即時の、かつ長期にわたる衝撃に関する研究や知識が増えて

いるので、専門家はトラウマにさらされた幼い子どもたちに対するエビデンスに基づく治療法についてよりいっそう知らされ、トレーニングを受けることが重要な時代になっています。本書では、早期にトラウマにさらされると、子どもたちは、発達、行動、情動（emotion［訳注2］)、そして心の健康と関わる問題を抱えながら生きていくことになるというエビデンスを紹介しています。こうした問題は、適切な介入や治療によって取り組み、あるいは緩和しうるものであり、そうすれば幼い子どもたちのよりよい発達や心理的アウトカム（outcomes［訳注3］）が実現されるのです。

　2018年11月10日

　　　　　　　　　　　　　　　　　　ジョイ・D・オソフスキー

　［訳注2］感情と情動は厳密な区別が困難で、emotion を「感情」とする場合もあるが、本書では「情動」と訳出する。
　［訳注3］発達した結果、最終の成果など、多義的な意味をもって使用される用語。

虐待・トラウマを受けた乳幼児の心理療法

目　次

シリーズのまえがき　9
謝　辞　13

序　章　トラウマにさらされることが幼児にあたえる影響……………17

親子関係の重要性　21
累積されたトラウマ体験を理解することの重要性　23
本書の概要　26

第1章　早期のトラウマが発達にあたえる衝撃……………………………31

幼い子どもが受けるトラウマのタイプ　32
発達過程にある脳と生理機能におよぼすトラウマの衝撃　37
認知と言語の発達にあたえるトラウマの衝撃　46
社会情動的発達に対するトラウマの衝撃　52
まとめ　59

第2章　子ども-親心理療法……………………………………………………63

子ども-親心理療法のエビデンス　64
子ども-親心理療法の流れ　67
子ども-親心理療法の治療計画　68
子ども-親心理療法の基本　70
子ども-親心理療法と相容れないもの　70
子ども-親心理療法の段階　71
子ども-親心理療法の中核的介入　76
子ども-親心理療法における内省的スーパービジョンの重要性　83
まとめ　84

第3章 愛着・生体行動的回復療法 ………………………………… 85

愛着・生体行動的回復療法の目標　86
愛着・生体行動的回復療法の計画　89
愛着・生体行動的回復療法モデルへの忠実性　91
愛着・生体行動的回復療法のアセスメント　92
セッションごとの愛着・生体行動的回復療法　93
愛着・生体行動的回復療法のエビデンス　98
まとめ　100

第4章 親子相互交流療法 ………………………………………… 101

従来の親子相互交流療法のエビデンス　103
親子相互交流療法の流れ　104
トラウマにさらされた子どもたちへの応用と実証的支持の発展　110
親子相互交流療法のアセスメント　116
親子相互交流療法における子ども指向相互交流　117
親子相互交流療法における親指向相互交流　118
親子相互交流療法における終結　119
まとめ　120

第5章 適切な治療を選ぶにあたって ………………………………… 123

治療選択の枠組み　127
症例紹介　131

あとがき──結論と今後の方向　141
付録：早期のトラウマが発達にあたえる衝撃の主要ポイント　147

文　献　149
事項索引　169
人名索引　173

監訳者あとがき　175

シリーズのまえがき

　トラウマとなる出来事にさらされるのはよくあることだが、それは心的外傷後ストレス障害（Posttraumatic stress disorder：PTSD）や抑うつ、身体的な健康問題、喫煙や過度の飲酒といった健康を害する行為、社会的・職業的な役割行動の障害、全般的な生活の質の低下といった広範囲にわたる深刻な精神的問題を引き起こすリスクを高める。集団的トラウマ（例：9・11［訳注1］）、イラクとアフガニスタンでの武力衝突、ハリケーン・カトリーナといった自然災害は、トラウマの存在を世間に知らせることになり、心の健康（mental health［訳注2］）へとつながる支援を求めるトラウマ・サバイバー［訳注3］はおそらく増えるだろう。しかし、トラウマの影響が広範囲にわたり、トラウマにさらされることは珍しくないにもかかわらず、精神保健分野の支援者を育てるアメリカの教育プログラムでは、学部でも大学院でもトラウマ教育にはあまり重きが置かれていない。トラウマ教育を求める声は、アメリカ心理学会誌『心理的トラウマ：理論、研究、実践、および政策 Psychological Trauma: Theory, Research, Practice, and Policy』に掲載された、クリスティーン・A・カートスとスチーブン・N・ゴールド（Courtois & Gold, 2009）による「専門的カリキュラムに心理的トラウマを組み込む必要性—変革を求める声」や、アン・P・ドゥプリンスとエラナ・ニューマン（DePrince &

［訳注1］2001年に発生したアメリカ同時多発テロ事件。
［訳注2］文脈により「精神保健」とも訳出する。
［訳注3］過去のトラウマ体験による悪影響を現在も抱えている人々。

Newman, 2011)による「トラウマフォーカストトレーニングおよび教育の芸術と科学」といった論文に現れてきている。学部でも大学院レベルでも、トラウマに関連した苦痛やそれと結びついた臨床的問題のアセスメントと治療に関する教育が欠落しており、学生だけでなく大学院を修了した専門家がトラウマに効果的に対処するために必要な教育資源を開発することが急務である。

トラウマ治療に関する簡潔な手引きであるこの書籍シリーズは、さまざまな現場で働く精神保健の専門家たちへ最も優れたトラウマ心理科学を確実に伝える架け橋となるような書物を届けることによって、この緊急課題に取り組むものである。そのために、本シリーズは、どうすればトラウマ心理科学を多種多様な人々（多種多様とは、発達、民族、社会経済的階層、性的指向などの広範な多様性を指す）にわかりやすく伝えられるかに注意を払いながら、特定のトラウマのトピックについて私たちが知っていること（と、まだわかっていないこと）に焦点を当てている。

本シリーズは、トラウマに対処するトレーニングや教育を発展させるために、アメリカ心理学会第56部門（トラウマ心理学）が着手している多くの取り組みの一つでもある（例：http://www.apatraumadivision.org/495/resource-directory.html 参照）。本シリーズを制作するために第56部門やボランティアの編集者と協力し合えることは光栄であり、その協力があってこそ、ジョイ・D・オソフスキー、フィリップ・T・ステプカ、ルーシー・S・キングによって執筆された、トラウマから影響を受けた乳幼児の心理療法に関するこの重要な書籍の出版が実現したのである。本書は、誕生から5歳までの子どものトラウマ治療に関して、現場での実践に役立つ概要を提供するものである。発達的、臨床的、またトラウマに関する心理科学の最高の知見を組み込みながら、オソフスキー、ステプカ、キングは、不適切な養育を受け、必要な世話をされずにネグレクトされ、DVやその他のトラウマとなる出来事にさらされた幼い子どもたちを支援する精神保健の専門家にとって非常に有益で本質的な情報をま

とめている。本シリーズで今後出版される書籍は、トラウマインフォームド・ケア（trauma-informed care［訳注4］）で必要とされる広範なアセスメント、治療、そして発達上の問題を取り上げるこうした論点をさらに強化し続けることになるだろう。

シリーズ編集者
アン・P・ドゥプリンス
アン・T・チュウ

［訳注4］その人のトラウマを熟知し、再トラウマ体験を回避する対策を講じたケアのこと。

謝　辞

　最初に、私（ジョイ・D・オソフスキー）は、互いにアイディアを共有し、臨床家の役に立つだけでなく、トラウマを負った幼い子どもたちの暮らしに違いをもたらすことにもなるように本書を考案し、その執筆を興味深く楽しいものにしてくれた共著者であるフィリップ・T・ステプカとルーシー・S・キングに感謝したい。トラウマを負った幼い子どもたちとその家族について、また、そうした子どもや家族のトラウマ体験を癒す手助けをする方法について教え、学ぶことのできる機会をあたえてくれたルイジアナ州立大学健康科学センター精神医学部のハリス乳幼児精神保健センターに参画している教授陣、研修生、家族にも感謝申し上げる。私たちは、本書で記述されたエビデンスに基づく治療法を普及させるための開発や作業に対する労力を惜しまなかった専門家たちに感謝を表明したい。子ども－親心理療法に関する学識と洞察に対してはアリシア・リーバマン博士、パトリシア・ヴァン・ホーン博士、チャンドラ・ゴッシュ・イッペン博士に、愛着・生体行動的回復療法の適用に関する創造性と助言に対してはメアリー・ドージャー博士に、トラウマを負った子どもたちに対する親子相互交流療法の適用に関する惜しみない指導に対してはデューク大学のロビン・ガーウィッチ博士、カリフォルニア大学デーヴィス校のアンソニー・ウルキサ博士に対してである。

　私たちは、トラウマにさらされた幼い子どもたちに関する出版物を刊行することの重要性を認識するという創造性をもち、この重要な書籍の執筆を後押ししてくれた、本シリーズの編集者であるアン・ドゥプリン

スとアン・チュウ、ならびにアメリカ心理学会の発達分野の編集者デヴィッド・ベッカーにも感謝したい。

　彼らのたいへん貴重なガイドのおかげで、トラウマを負った幼い子どもたちとその家族への支援方法を読者に伝えるという私たちの目標を達成するために、この重要な情報をできるだけわかりやすく伝える最善の方法を見出すことができたのである。

　最後に、私は自分の家族に感謝したい。夫であるハワードは、愛すべきパートナーであり最高の友人でもあるが、私の専門家としての成長も家族生活や親であることの喜びも一貫して応援してくれている。3人の子どもたち、ハリ、ジャスティン、マイケルは、私に自分自身の在り方を見つけ、責任をもち互いを気遣いながら成長していくことを認め合い、励まし合える、そんな家族をもつとはいかなることかを知る素晴らしい経験をさせてくれている。今では成人として、とても大切な配偶者や彼ら自身の子どもたちとともに、私に祖母としての喜びをあたえてくれている。私は、幼い子どもたち、特にトラウマや暴力にさらされる生活を送っている子どもたちを支援しようとする私の取り組みを一貫して励ましてくれる家族に深く感謝している。

　フィリップ・T・ステプカは、本書の執筆に要した労力を息子のジャクソンに捧げたいと思っていることだろう。母親が医学部に通うために家を留守にしていたときに、ジャクソンは家事を切り盛りする父親に調子を合わせなければならなかったが、彼は本書の制作期間を乗り切っただけでなく、その制作過程の全期間にわたって、平静で、ほほえみや笑いに満ちた家庭を保つために必要なレジリエンスを何とか奮い起こしたのである。

　ルーシー・S・キングは、統合性、一貫性、そして喜びのある研究を追究することを教えてくれたマリー・アン・フォーリー、ミチェル・ボスケ・エンロウ、ジョイ・オソフスキー、イアン・ゴットリブといった学術的指導者たちに感謝したいだろう。彼らの一貫した励ましは、彼女

の個人的な、また学術的な成長にとってたいへん貴重なものだったのである。

序　章

トラウマにさらされることが幼児にあたえる影響

　研究から得られてきた知見は、個々の子どもたちのエピソードとともに、子どもたちは発達の感受期である乳幼児期に広範なトラウマ体験にさらされていることを示している (Osofsky, 2011)。事実、約1,000名の幼児の典型的なサンプルで、ブリッグス－ゴワンら (Briggs-Gowan et al., 2010) は、2～3歳までの間に、約26％の子どもがトラウマに、約14％の子どもが暴力にさらされてきたことを見出している。特定の集団がもつ脆弱性に着目すると、トラウマや暴力にさらされる体験は、他のリスク要因を抱える子どもたちでより顕著に見られた。たとえば、貧困生活を送る子どもの49％がトラウマにさらされ、暴力は2～5倍受けやすかった。研究者たちは子ども時代のトラウマ曝露に用量反応効果を見出しており、トラウマ体験が累積するほど長期的な問題が引き起こされる危険性が高まるという。特に、後により詳しく述べられる「子ども時代の逆境的体験に関する研究 (Adverse Childhood Experiences Study)」(Felitti & Anda, 2010) という画期的な研究では、逆境的体験 (例：DV、虐待、ネグレクト) が多ければ多いほど、成人期の身体的・心理的な問題 (例：抑うつ、不安、心臓疾患) を抱えるリスクが高くなることが示されている。この研究は、人生早期にトラウマにさらされることによって莫大な社会的コストを負うことを明らかにした。子ども時代の逆境的体験が多い人

は、失業、家庭内の暴力、養育行動の問題、犯罪行動といった社会的問題をより経験しやすく、保健社会的支援の利用もより多かったのである。

　こうした知見は、早期の子ども時代の心の健康にトラウマがおよぼす影響にしっかりと注意を向ける心理学やその他の健康科学が決定的に必要であることを浮き彫りにする。トラウマは、それと気づかれていてもいなくても、幼い子どもたちの精神症状を引き起こす主な要因の一つである。私（ジョイ・D・オソフスキー）は、1996年にハリス乳幼児精神保健センターで尽力したが、それは早期の子ども時代のトラウマがおよぼす影響により注意を向けるための初期の取り組みであった。アーヴィング・ハリス（Irving Harris）基金からの助成金を得て、ハリスセンターは乳幼児の心の健康のための教育とエビデンスに基づく実践や支援を向上させるために、ルイジアナ州立大学健康科学センター精神医学部に設立されたのである（Osofsky, Drell, Osofsky, Hansel, & Williams, 2017）。

　ハリスセンターに最初に紹介されてきた子どもたちの中に、7ヵ月前に母親が父親に銃で撃ち殺された場面を目撃した2歳11ヵ月の双子の男児がいた（Osofsky, Cohen, & Drell, 1995）。私たちが紹介を受けたのは、この幼い2人が母方の祖父母と一緒に住むために別の州から移り住んできたときだった。他のいくつかの機関は、きわめて激しい症状を呈するこのとても幼い2人をどう援助したらよいかわからないと言った。2人はかわいかったが、行動の調整不全があまりにもひどく、言葉は数語話せるだけで、それも理解しがたいものだった。私たちはその子たちと直接関わりながら、激しいトラウマへの曝露がいかに幼い子どもに「凍結 freezing」や「解離 dissociation」、また集中力の欠如をもたらすかを学んだ。その当時、こうした幼い子どもをPTSDと診断できるのかどうかについて疑問の声があがっていたが、その2人の男児は診断に用いられる特徴を示しており、（プレイドーに含まれる）赤い色といった「トラウマの引き金（trauma triggers）」［訳注1］によって誘発されるトラウマを再体

験しながら反復的に強制される遊びもあれば、母親に関連するおもちゃや遊びのテーマに遭遇すると回避や解離行動も出現した。私たちは、2人を「軌道に戻し」また正常な発達の道筋へと回復させる援助をしながら集中的に治療をすることで、この幼い男児たちとその祖父母を助けることができた。お返しに彼らは、トラウマを負った幼い子どもたちとその家族を支援する意義を明確にするという点において、私たちを助けてくれた。20年前のその経験は、トラウマにさらされた非常に幼い子どもを支援して彼らの人生に違いをもたらそうとする、私たちの努力や献身に深く影響している。

　何年にもわたるこうした経験は、乳児（infants）とよちよち歩きの幼児（toddlers）［訳注2］はトラウマの影響を受けないという神話を打ち払い、早期の介入と治療が重要な違いをもたらすという理解を促進させるのに役立ってきた。私たちが尽力してきた重要な点の一つは、幼児へのトラウマの影響とエビデンスに基づく効果的な治療について、心理学者、精神科医、小児科医、ソーシャルワーカー、その他の健康に関わる専門家たちを教育してきたことである。臨床家は、幼い子はその子がどう感じているかをどのように語るか、特に、幼すぎて言語を使ったコミュニケーションがとれない子どもの場合にどうするか、を含め、幼い子どもを理解する方法を学ばなければならない。遊びとは、常に幼い子どもがコミュニケーションをとるための重要な手段であるし、「遊びは子どもの言語である」とさえ言う著者もいる（Landreth, 1983, p.202）。さらに、臨床家は、行動観察の重要性を学ばなければならない。行動観察を通じて、幼児がどう感じているかを知ることができるのである。トラウ

［訳注1］プレイドー（Play-Doh）とは赤、青、黄、白という4種類の基本色からなる粘土の玩具であり、赤い色は母親が撃たれたときに流した血の色なので、トラウマの引き金になるということ。
［訳注2］infantsを「乳幼児」とする場合もある。本書では基本的にinfantsを「乳児」、toddlersを「よちよち歩きの幼児」、young childrenを「幼い子どもたち」と訳したが、文脈に応じて柔軟に訳を変更している。

マの影響を受けた幼い子どもたちは強い情動を呈することが多く、その反応は多くの場合、調整不全な行動、典型的には攻撃的あるいは孤立的行動として表れる。

　こうした諸問題に対処するために、本書の全体的な目的には2つの側面がある。第一に、異なるタイプのトラウマが幼児の発達におよぼす影響についての包括的な理解を読者に提供することである。第二に、この理解を、トラウマが幼児におよぼす影響に取り組むための評価と「効果的な治療」を説明する土台として用いることである。よく調和したトラウマインフォームド・システム（trauma-informed system）が、人生早期のストレスやトラウマのもたらす深刻な公衆衛生問題に対処するために必要である。トラウマインフォームド・システムは、子どもの安全を守り続けるためのさまざまな取り組みに着手すると同時に、子どもや家族へのトラウマの影響を認識するだけにとどまらず、知らぬ間に再び子どもをトラウマにさらすことのない政策と処遇の制定にも役立つのである（Howard & Tener, 2008; Ko et al., 2008）。

　子どもと大人のためのトラウマインフォームド・支援システムを開発し支持することの重要性を非常に強調してきたアメリカ国立子どもトラウマティックストレス・ネットワーク（National Child Traumatic Stress Network：NCTSN）は、支援者やその他の人々が、自分たちが世話をし支援する幼い子どもたちや家族へのトラウマの影響を認識し、それに対応するのに役立つ知識を提供することの重要性を述べている。こうしたシステムの中でこそ、トラウマへの気づき、知識、そしてスキルが、子どもに関わるすべての人々に影響をもたらす組織的な文化や実践、政策の一部となりうるのである。トラウマインフォームドとは、子どもの回復力とレジリエンスを支えるのに最も有効な科学を用いる、ということでもある。

　NCTSNは、トラウマインフォームドな実践を組織化させながら、心の健康を支援する専門家や子どもの支援機関に対してガイドラインを提

案してきた。そこには、(a)トラウマ体験とそれに関連した症状の定型的なスクリーニング、(b)トラウマになるストレスとそれと関連した精神症状への文化的に適切なエビデンスに基づくアセスメントと治療の活用、(c)トラウマ曝露、その影響、その治療に関して、子ども、家族、治療者に利用可能な資源を用意すること、(d)トラウマによって影響を受けた、トラウマに脆弱な子どもや家族のレジリエンスと保護要因を強化する取り組みに従事すること、(e)親や養育者のトラウマとそれが家族システムにあたえる影響を取り扱うこと、(f)子どもの支援機関同士での支援と協働の持続性を強めること、(g)二次的トラウマティックストレスを取り扱い、その影響を最小限のものにし、また、それに対処し、さらに支援者のレジリエンスも強めるよう支援者をケアする環境を維持すること、が含まれている。子どもの支援機関がこうした重要なトラウマインフォームド・ガイドラインを発展させ、それを忠実に守るための研修やコンサルテーションを受けることが大切である。

親子関係の重要性

　本書の読者は、トラウマとなる出来事にさらされた乳幼児を支援する際の親子関係の重要性を理解することになるだろう。幼い子どもたちは年長の子どもよりトラウマの理解やそれに対処する能力が限られているため、彼らの安全感は、子どもの行動を理解し、子どもを保護してくれ、身体と情動の安全を守ってくれる親、あるいは大人の養育者との間で、信頼でき温かく世話をしてもらう関係を経験する中から生まれる (Bowlby, 1988)。
　幼児がトラウマを経験すると、関係性の中で信頼を維持する能力の発達が脅かされる。幼児が護ってもらいたい相手から暴力の標的にされたり、あるいはその人の暴力を目撃したりすると、情動や行動の調整が損なわれるだけでなく、自分自身と他者に対する見方にまで影響がおよ

ぶ。たとえば、DVの加害者で刑務所に入っている父親をもつ幼児が、父親がいなくなった寂しさを表現しつつ、より動きが激しくなり、不安が高まる反応を示すのは珍しいことではない。大人たちがその父親を「悪いやつ」と呼べば、子どもは父親を重要な存在として経験してきたために、混乱するかもしれない。トラウマや慢性的なストレスにさらされると、幼い子どもはまたいやなことが起こるのだろうと予期し始め、それは自分のせいだとさえ思うかもしれない。児童福祉制度の対象になる子どもの場合には、愛情深く養育的な関係性を築ける家庭に保護されているときでさえ、これらの否定的な知覚がつきまとうことがある。こうした理由から、感受性豊かな関係性を基盤にしたセラピーは、このような否定的な知覚を修正するために働きかけるのを手助けできるのである。

　親もまた類似した暴力、たとえばDVなどによってトラウマを受けることがあるが、そうすると、親がわが子に情動的に寄り添い、子どもを支えてやることがいっそう難しくなる。乳児やよちよち歩きの幼児の一般的な反応には、より早期の行動への退行、すなわち、よく泣くこと、しがみつき、分離不安、攻撃行動、睡眠や食事の問題がある。トラウマにさらされた未就学児は、自信を失い、攻撃的で、不安を感じ、怯えるかもしれない。彼らは社会的な場面で行動化し、分離が困難になり、自分自身が経験したり目撃したりした行動を模倣し、胃の痛みや頭の痛みを訴え、加害者の大人がいるとひどく怯えることがある。また、トラウマにさらされると発達が妨げられるが、特に社会的・情動的な発達が阻害される。こうしたすべての理由を考慮すると、幼児と親とが一緒に、現在進行中で、ときには現状の問題の一因となっているかもしれない親の過去の経験も含めて、親子で共有されているトラウマ体験に対処するよう取り組んでいくことが大切なのである。

累積されたトラウマ体験を理解することの重要性

子ども時代の逆境的体験に関する研究

　約18,000名の参加者を対象にしてカイザーパーマネンテ（Kaiser Permanente［訳注3］）が行った「子ども時代の逆境的体験に関する研究（Adverse Childhood Experiences Study：ACE研究）」は、生涯にわたる幸福と健康におよぼすストレスとトラウマの影響について検討した最大の研究である（Felitti et al., 1998）。このACE研究は回顧的研究（つまり、過去の経験について大人に聞き取りをしたもの）ではあるが、幸福と健康に影響する人生早期のストレスとトラウマの累積的リスクモデルを支持する知見を報告している。

　子ども時代早期の逆境的体験の総数によって、その先のネガティブなアウトカムにつながるリスクが著しく高まることを認識しておくことが非常に重要である。心理的、身体的あるいは性的なマルトリートメント［訳注4］にさらされた幼い子どもたち、またDV、物質乱用（substance abuse［訳注5］）あるいは精神疾患を抱え機能不全に陥った家庭の幼い子どもたちは、その影響を和らげる支援をほとんど受けないまま深刻な複数の逆境的体験にさらされるため、ネガティブなアウトカムを経験しやすくなる。早期にいくつもの逆境的体験をした幼い子どもたちには神経生物学的な影響が現れやすく、その中には心理社会的な影響だけでなく、脳の異常、生物学的なストレス反応系の調整不全も認められる。こうした症状は、時間の経過とともに現れ方やその強度が変化することがある。学齢期には、社会性の問題と乏しい自己効力感が明らかになりやすい。トラウマにさらされた子どもが青年期になると、次第に健康や社

［訳注3］アメリカで最も大きな保険会社の一つ。
［訳注4］虐待やネグレクトを含む不適切な養育を意味する。
［訳注5］非合法の薬物だけでなくアルコールや処方薬などの大量消費を含む。

会環境に影響する危険な行動に関わりやすくなる。たとえば、喫煙、過食、運動不足、薬物乱用、性的乱交といった行動である。エビデンスに基づく予防方略、介入、治療は、こうしたネガティブなアウトカムを軽減するために重要である。そうしたエビデンスに基づく治療法を、第2、3、4章で紹介する。

　最初のACE研究以降も、特定の母集団用に修正を加えながらACE調査が実施されてきた。こうした後続する研究は、人生早期の逆境的体験がおよぼす影響に関して私たちの理解を広げてくれる。フィラデルフィアの都市部で行われたACE研究では、初期の9つのACE指標、すなわち、身体的虐待・性的虐待・心理的虐待（emotional abuse）・身体的ネグレクト・情動的ネグレクト・DVの目撃・物質乱用者との同居・重度の精神疾患者との同居・服役していた者との同居を用い、さらに、都市部に特有な5つのACE指標（Health Federation of Philadelphia, 2016）、すなわち、人種差別の経験・暴力の目撃・安全ではない近隣環境での生活・里親との生活・いじめられた経験、が追加された。調査対象者はフィラデルフィア市全域に居住する18歳以上の1,784名で、さまざまな社会経済的状況や民族、人種的背景を含んでいた。電話によるインタビュー調査が行われ、回答率は67％であった。カイザーパーマネンテのデータと比べると、フィラデルフィアのサンプルのほうで、より多くの心理的、身体的、性的虐待ならびに身体的ネグレクトが報告されていた。フィラデルフィア研究の著者たちは、リスクの高い都市部に住む人々のほうが、身体発達や心の健康にネガティブな影響をあたえる子ども時代の逆境的体験をより多く経験しやすいと結論づけている。

　関連したもう一つ別の研究として、サンフランシスコに拠点がある青少年健康センター（San Francisco-based Center for Youth Wellness）が刊行した『隠された危機』（Chen, 2014）があり、これはカリフォルニアに住む27,745名の成人から得られた4年分（2008, 2009, 2011, 2013）のデータに注目したものである。この住民集団を対象にした健康調査もまた、子ども

時代のトラウマとなる出来事の経験が身体的、精神的、また情動的な健康に影響することを明らかにした。この研究の著者たちは、早期の逆境を予防し、逆境的体験にさらされた幼い子どもたちにより効果的に介入することを可能にするトラウマインフォームド・システムを発展させるために、ACE 指標を使って幼い子どもの逆境的体験をスクリーニングすることが重要だと結論づけた。そのデータはまた、挑発的行動（challenging behaviors［訳注6］）や情動の調整不全を示す幼い子どもに対して「何かおかしい」と決めてかかるのではなく、その子どもや養育者に「何があったの？」と尋ねることも大切であると示唆している。こうした研究から得られた知見は、トラウマに関連した取り組みに対する重要な方向性を示しており、子どもを支援するトラウマインフォームド・システムを発展させることと関連させながら、後ほどさらに詳細に取り上げる。

多重虐待被害に関する研究

対人間のトラウマ、もしくは他者によって引き起こされたトラウマにさらされることは、とりわけ有害な影響をおよぼす可能性がある。フィンケルホーら（Finkelhor, Ormrod, & Turner, 2007; Finkelhor, Turner, Hamby, & Ormrod, 2011）は、累積的な対人間のトラウマ、あるいは彼らのいう「**多重虐待被害**（polyvictimization）」を経験した子どもたちを対象にした一連の住民研究を行った。この研究では、2～17歳の2,000名以上の子どもをサンプルに、子どもあるいは親（幼児の場合）に対して電話インタビューを実施し、家庭と地域での子どもの暴力への曝露について尋ねた。暴力への曝露というのは、たとえば、身体的暴行・性的暴行・強盗、児童虐待・ネグレクト・家族による誘拐といった児童福祉違反、戦争や内紛の経験、繰り返されるいじめ、である。この研究者たちは、性的暴行や

［訳注6］度を越すほど過激な泣き、攻撃行動、反抗行動など。

いじめといったタイプの被害を受けたと報告した子どもの多くが、調査の前年にも多くの別のタイプの被害を受けたと報告したことを見出している。すなわち、一つのタイプの被害が報告されるときは、それ以外にも多数の被害を経験していることがよくあるということである。重要なことに、多重虐待被害はトラウマ症状を予測するものであり、また単一タイプの被害より心の健康への影響が大きいという特徴がある。こうした知見に基づいて、フィンケルホーら (Finkelhor et al., 2007, 2011) は、トラウマ症状を引き起こすネガティブな経験をより深く理解するために、子どもが負うさまざまな種類の被害の累積的で相互作用的な影響を体系的に研究することの重要性を強調した。被害を受けた子どもはさらに被害を受けやすいだけではなく、病気、事故、家族の失業、親の物質乱用、精神疾患といった逆境を生涯にわたって経験しやすかったからである。彼らは、治療や公共政策とも関連づけながら、ネガティブなアウトカムにつながる最大のリスクをもつ子どもたちを見つけ出すために、子どもの被害に対するより包括的な取り組みが必要であると提案している (Finkelhor et al., 2007, 2011)。

本書の概要

第1章では、脳の発達と生理学、認知と言語能力、情動と関係性を含む心理生物学的発達におよぼす早期のトラウマの影響に関連した研究知見を振り返る。さらに、幼児が受ける異なるタイプのトラウマの影響を取り上げ、特にマルトリートメントおよびDVに重点を置く。

第2、3、4章では、トラウマとなる出来事の影響を受けた幼い子どもたちを評価し支援するために用いられる3つのエビデンスに基づく治療法、すなわち、子ども－親心理療法 (Child-Parent Psychotherapy)、愛着・生体行動的回復療法 (Attachment and Biobehavioral Catch-Up Intervention)、親子相互交流療法 (Parent-Child Interaction Therapy) を紹介する。各章で、

それぞれの治療法の理論的基盤、目標と評価、もとになるエビデンス、実施方法について述べる。おそらく最も重要なのは、子どもの成長にともなって問題が取り扱いにくくなる前に、早期に介入する効果的な方法があるということを読者が知ることである。いずれの治療法も、子どもを支え、健康なもとの状態に戻すだけでなく、養育者と子どもの関係をも支え、回復させるように考案されている。重要なメッセージは、子どもだけではなく、養育者も養育環境もトラウマに曝露されることによって影響を受けるということである。

第5章では、それぞれの治療の可能性に焦点を当てるだけでなく、どの治療法が誰に有効なのかという点に関して、読者の理解をさらに進めたい（Fonagy et al., 2014）。ここでは、評価過程や、個々の子どもとその養育者にとって最も役立つ治療法について決定する際の基準を示しながら、読者をガイドするロードマップを紹介する。本書で紹介されている3つの治療法が幼児に期待される行動の発達的理解を組み入れており、また、子どもや家族とともに取り組むにあたって、彼らの背景や信念と関連する社会文化的視点を統合したものであることを読者は理解されたい。あとがきでは、乳幼児精神保健とトラウマに関する諸領域を展望し、これらの領域で今後進むべき方向について提案してみたい。

本書の全体的な目標は、幼い子どもがトラウマにさらされることから受ける影響をどう認識し理解したらよいかについて、さらに、子どもの発達の道筋と心の健康に違いをもたらすエビデンスに基づく治療法について、臨床家がよりよく学べるように手助けすることである。この領域への気づきを高め、知識を増やすには、乳幼児精神保健に関する理論と研究、さらに治療が、すべての精神保健の専門家を対象にする教育プログラムに含まれなければならない。乳幼児精神保健は、昨今、多くの教育プログラムや臨床的な治療場面に統合されてきているが、今もなお、乳幼児精神保健をカリキュラムに取り入れたり、心理学の博士号取得前のインターンシップ、ポスドク［訳注7］のフェローシップ、あるいは

児童精神医学の中に乳幼児の学習コースを組み込んだりするところは限られている（Osofsky et al., 2016）。多くのプログラムがいまだに乳幼児の評価と治療のトレーニングにほとんど注意を払っていない。しかしながら、アメリカ心理学会の臨床心理学ハンドブック（*APA Handbook of Clinical Psychology*）のある章（Osofsky, 2016）で示されているように、非常に幼い子どもに効果のあるエビデンスに基づく治療法の必要性だけでなく、そうした治療法に関する情報が多くあるのも明らかなのである。トラウマフォーカスト認知行動療法（trauma-focused cognitive behavioral therapy）のように、トラウマにさらされた年長児を支援するエビデンスに基づく治療もあるが、本書で取り上げた３つの治療法は６歳未満の子どもに適用するように特別に考案されたものである。

　乳幼児のトラウマ反応は、発達の遅れ、気難しい気質、行動上の問題として誤って解釈されたり誤診されたりしやすいため、専門的に教育を受けることによって、早期の識別や治療ができるようになる（ZERO TO THREE, 2005）。さらに、子どもを対象にしている臨床家の多くが、子どもと親に別々に焦点を当てる個人療法的なアプローチを学んできている。そのアプローチは一部のケースでは確かに適切であるが、問題が関係性の文脈の中で最もよく取り扱える乳幼児には最適とは言えないだろう。脳の発達に関する知見、またトラウマの直接的で長期にわたる影響に関する知見が飛躍的な勢いで急成長しているため、心理学者やその他の精神保健の専門家がトラウマにさらされた幼い子どもに適用するエビデンスに基づく治療法のトレーニングを受ける重要な時期にきている。さらに、マイノリティや貧困家庭に対する支援の差が大きく、顕著な援助格差があり、こうした集団ではストレスやトラウマもより強く見られる（Briggs-Gowan et al., 2012; Shonkoff et al., 2012）。そのため、すべての援助段階でトレーニングや技術的な支援をし、その差を埋めることが必要で

［訳注７］博士研究員。

ある。心理学者は、幼い子どもを含めて、さまざまな発達段階でトラウマにさらされた子どもたちが心の健康のための専門的なケアを受けられるように率先して動いていくことができる。

近年、幼い子どもは、その子のいる関係性の文脈の中で最もよく理解されることが明らかになってきた。早期の発達の質は、その後のアウトカムにとって重要である。そのため、早期の発達を理解することは、成人の心の健康問題や精神病理に取り組むために欠かせないほど大切である。私たちは人生の早期に出現する諸問題を紹介し、また詳しく記述しているので、本書の読者は、人生早期にトラウマにさらされると、子どもたちが発達的、行動的、情動的、そして心の健康面でも困難に直面することを学ぶことになるだろう。こうした困難な事態は、適切な介入、支援、また治療によって対処し、緩和することができる。さらに、予防、介入、治療への教育と公衆衛生への投資は、学習、生産性、社会貢献と関連する大きな利益を生み出すという重要な経済的知見がある (Knudsen et al., 2006)。

エビデンスに基づく治療法を早期に実施することで、トラウマがあたえるネガティブな影響を予防し、子どもの発達的アウトカムがおおいに改善されるということを、本書の読者が学ぶことを期待している。

第1章
早期のトラウマが発達にあたえる衝撃

　人生における最も早期の体験が、その人となりに永続的な影響をあたえるという考えは、心理学の領域では長い間主流を占めてきた。それゆえ、幼い子どもは早期のトラウマによる影響を受けることはなく、また仮に影響を受けたとしても、その否定的な反応から自然に抜け出していくと多くの人々がいまだに信じているのは驚きだろう。多くの子どもは逆境に直面しても顕著なレジリエンスを発揮するが、生後数年の間に生じた出来事が遠い昔の曖昧なものだと感じられても、生物的、認知的、社会情動的発達には重大な影響があることを示す研究が相次いでいる。
　本章では、人生早期のトラウマが幼い子どもの発達にどのように影響するかを述べる研究と理論をもう一度調べ直してみる。子どもの発達がいかに変容しうるかについての情報を提供する。その変容の一つは、子どもがトラウマに出会ったときの有害な変化であり、もう一つは感受性があり応答的でもある養育を経験したときの良好な変化である。この具体的な実例に基づく再調査では、以下の見解についての証拠を提示する。それは、(a)幼い子どもは広範囲なトラウマを経験するが、身体的虐待、性的虐待、ネグレクトを含むマルトリートメントに対して特に傷つきやすい、(b)多種多様な発達領域にまたがるトラウマによる混乱は、児童期、青年期、成人期にまで問題を持ち越してくる、(c)養育の質の改善

は、子どもをトラウマの衝撃から守り、回復を促進させる、(d)トラウマを受けた幼い子どもの治療は早期に開始すべきで、子どもだけでなく、養育者や養育者と子どもの関係性も対象とすべきである、という見解である。

幼い子どもが受けるトラウマのタイプ

序章で記したように、人生早期にトラウマを受けることは珍しいことではなく、とりわけ貧困な生活をする子どもには多く生じる。次に述べるように、幼い子どもは生後数年の間にマルトリートメントとDVを非常に受けやすい。それゆえ、この章ではこれらのトラウマ形態に焦点を当てる。

マルトリートメント

親や親以外の養育者の重要な役割は子どもを外部のストレス要因から保護することだが、残念なことに彼らもまた虐待やネグレクトを行い、トラウマの原因になることがある。実際、人生早期のトラウマの影響に関する研究の多くは、不適切な子育てをする養育者（maltreating caregivers）からの影響に注目してきた。こうした研究は、幼い子どもの発達が養育者の行動を手がかりとしているため、それに左右され（Bowlby, 1988）、養育者が適切で良好な環境刺激（例：子どもの苦痛や探索行動に対して即座に行われる感受性のある応答）を提供しなかったり、有害な刺激（例：言語的あるいは身体的危害〔Humphreys & Zeanah, 2015〕）をあたえたりすると子どもの発達が歪められるとする理論によって推進されている。

子どものマルトリートメント（child maltreatment）は、社会的行動規範から外れ、身体的あるいは情動的な危害を子どもに加えるリスクが非常に高くなる行動と定義される。この定義を用いると、マルトリートメントとして認識できるタイプには、身体的虐待、性的虐待、心理的虐待、

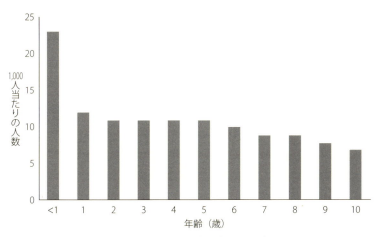

図1-1 年齢ごとのマルトリートメントにさらされた子ども
(U.S. Department of Health and Human Services, Administration for Children and Families, Administration on Children, Youth and Families, Children's Bureau, 2015, p.22)

そしてネグレクトがある。子どものマルトリートメントの原因はさまざまであり、マルトリートメントの世代間体験と関係する場合もあれば、物質乱用や精神疾患といった親の要因と関連することも多い（Appleyard, Berlin, Rosanbalm, & Dodge, 2011）。図1-1に見られるように、幼い子どもにはマルトリートメントを経験するリスクが顕著にある。アメリカ合衆国保健福祉省（U.S. Department of Health and Human Services：DHHS）によれば、2013年には350万件の子どものマルトリートメントの報告が児童保護局（Child Protective Services）にあり、そこには640万名の子どもが含まれていた（Child Welfare Information Gateway, 2015）。こうした報告のうちの110万の報告の61％が詳細に調べられ、約679,000名のマルトリートメントを受けた子どもたちが確認されている。マルトリートメントを受ける人数に男女差はないが、より幼い子どものほうが被害にあう確率が高くなる。事実、図1-1に見られるように、生後1年未満の子どもが虐待される割合が一番高いのである。さらに、マルトリートメントによる死者

の81％は０〜３歳の子どもたちであった。

　マルトリートメントを受けた子どものうち、75％以上がネグレクトを受けている (Child Welfare Information Gateway, 2015)。子どもの身体的ニーズに応じない他に、ネグレクトには、子どもの社会情動的ニーズ、医療的ニーズ、そして／あるいは教育的ニーズに応じないことも含まれる (Stoltenborgh, Bakermans-Kranenburg, & van IJzendoorn, 2013)。ネグレクトは虐待と一緒に起こりやすいので、ネグレクトが子どもの発達におよぼす独自の衝撃を明らかにすることは困難である。実際、研究者はマルトリートメントに関する研究で「子どものネグレクトに対するネグレクト」が見られると記している (Stoltenborgh et al., 2013, p.1)。しかし、本章では、児童養護施設の生活で適切な養育を受けられなかった子どもたちの研究から見出された重要な知見を検討する。この知見を一般化することにはいくらか限界があるが（すなわち、親からネグレクトされた子どもたちは異なる経験をしている）、発達が情動的ニーズと身体的ニーズの両者を満たすことに基づくことは明確である。同様に、心理的虐待がもつ衝撃に関する研究は、適切な情動刺激の重要性を証明してきた。この形態の虐待は非常に広く見られ、世界的な規模の推定によれば、35％の子どもにその影響が認められる (Stoltenborgh, Bakermans-Kranenburg, Alink, & van IJzendoorn, 2012)。心理的虐待は児童保護局の調査研究の領域ではないが、心の健康にあたえる情動的な衝撃は、身体的虐待、性的虐待、あるいはネグレクトのそれと等しいか、それ以上であることが研究によって示されている。アメリカ合衆国の多民族の子どもたち2,000名以上を対象にした最近の研究では、心理的虐待がもつ有害な精神医学的または行動的な影響は他の形態のマルトリートメントの影響と等しいことが見出されている (Vachon, Krueger, Rogosch, & Cicchetti, 2015)。

　虐待やネグレクトを受けた幼い子どもの治療の研究と実践が直面している問題の一つは、そうした経験がしばしば報告されないということである。2013年の児童保護局に提出された報告の約３分の２が、マルトリ

ートメントを報告するように命じられている専門職（例：教育者、警察官、保育者、医療関係者、あるいは精神医療従事者〔Child Welfare Information Gateway, 2015〕）によるものであった。このことは、被害者、親、その他の家族、そして友人は、子どものマルトリートメントを報告する可能性が低いことを示している。とりわけ幼い子どもには、自分の経験をしっかりとらえて言語化する能力が欠如しており、あらゆる年齢層の子どもに、仕返しを恐れたり、あるいは恥ずかしく感じたりする可能性があり、ときには起こったことを自分のせいにしてしまうこともある。親もまた、わが子に対する自分の行動がマルトリートメントになり、非常に有害であることに気づけない可能性がある。たとえば、親は子どもの気持ちに寄り添いながら応答してやることの重要性に気づけないことがある。子どもに対する体罰を文化的慣習に基づいて容認する家族やコミュニティのメンバーである場合もあるが、大半はそうした身体的なしつけと子どもの不適応には関連があることが研究で明らかになっていることに気づこうとしない人々なのである（Lansford et al., 2014）。アメリカ合衆国保健福祉省（DHHS）は2013年の報告書で、児童保護局によってマルトリートメントの被害を受けたと認定された子どもの18％に身体的虐待があったと記述した。第3章で述べるように、マルトリートメントを受けた子どもへの主たる介入は、親に自分自身の行動やその行動が自分の子どもにおよぼす影響への気づきを高めてもらうことであろう。

　性的虐待はマルトリートメントの中でもとりわけ汚名を着せられやすい形態であり、多くの場合、報告されることがない。性的虐待には、子どもの発達的あるいは知的能力のせいで、同意がなく、あるいは、同意を得ることができないまま、子どもと他者との間に生じるあらゆる性的活動が含まれる（Berliner & Elliott, 2002）。最近のデータでは、2013年の児童保護局のケースの9％に性的虐待があり（Child Welfare Information Gateway, 2015）、すべての性的虐待を受けた子どもの7人に1人が6歳以下であると見積もられている（Berliner & Elliott, 2002; Snyder, 2000）。性的虐

待は、報告されたときでさえ、医学的もしくは法医学検査のどちらでも実態が明確にならないことが多い。性的虐待を受けた幼い子どもは、恥ずかしさと自責感を経験しやすい。乏しい身体イメージ、退行、性化行動（sexualized behavior［訳注1］）を示す可能性も低くない。

DV

　虐待による直接的な被害にあわなくても、幼い子どもが自分の親や他の家族メンバーによるDVを目撃すれば、間接的に暴力にさらされることになる。そうした行為には、暴力的な言語による脅し、置き換えられた攻撃（例：物を壊す、物を投げつける、壁を拳でたたく）、あるいは大人や子どもに対する暴行（例：たたく、平手打ちする、押しのける、蹴りつける、首を絞める）が含まれる。約4,500名の子どもを対象にしたアメリカ合衆国司法省（U.S. Department of Justice）の調査によれば、25％の子どもが何らかの形態のDVにさらされ、0〜5歳の子どもでは17％に達していた（Hamby, Finkelhor, Turner, & Ormrod, 2011）。マルトリートメントと同じように、DVは幼い子どもにとって特に有害である。なぜなら、それは早期の発達にとって非常に重要であり、子どもを保護するはずの養育者が関与しているからである（Bosquet Enlow, Blood, & Egeland, 2013）。DVにさらされた子どもは、怒りを表現するのに適切で有効な、また安全でもある方法を学んでいないため、長期にわたる攻撃行動をとるようになっていく可能性がある。

　能力の発達に制約があるため、幼い子どもには相手に対する恐怖反応にうまく対処したり調整したりすることがとりわけ難しい。たとえば、子どもによく見られるDVへの反応は、親に止めるように大声で叫んだり、その場を離れようとしたり、助けを求めたりすることだが（Hamby et al., 2011）、幼い子どもはこうした状況を改善する可能性がある

［訳注1］性的虐待を受けた子どもが年齢的に不適切な性的関心や性的行為を示すこと。

やり方で応じることはできない。反応する能力に発達上の制約がある一方で、幼い子どもには親の不和に対する鋭い認識もある。DVに気づかないどころか、眠っている赤ちゃんでさえ、とりわけ日常生活で頻繁に家庭内対立にさらされている場合には、怒りの声に対して神経反応が増加することが知られている（Graham, Fisher, & Pfeifer, 2013）。

発達過程にある脳と生理機能におよぼすトラウマの衝撃

生後最初の数年間、生物学的発達は急激に進む。たとえば、健康なよちよち歩きの幼児の脳内では、シナプス（神経結合）が1秒間に最高200万という速度で形成される（ZERO TO THREE, 2012）。生後最初の数年間を感受期とする理論によれば、この可塑的な状態にある幼い子どもは、とりわけ環境からの影響を受けて生物学的に変質しやすい。そしてそれが、その後の生物学的、社会情動的、認知的機能にカスケード効果（cascading effects［訳注2］）を引き起こす可能性があるのだとされる。感受性豊かに応答する養育や認知的刺激といった経験は、長期間にわたるレジリエンスや豊かな人生の「拡張 – 形成」（broaden-and-build）サイクル［訳注3］を始動させるが（Fredrickson, 2004）、トラウマ体験は否定的な影響を持続的にもたらしうる（Shonkoff et al., 2012）。この節では、発達過程にある脳と生理機能におよぼす早期のトラウマの衝撃を説明する理論と知見を再検討する。

トラウマや生物学的反応・調整

生後数年間で受けるトラウマは、子どもがストレスや恐れにどう反応するかを統制する生物学的システムを損傷するようである。そのシステ

［訳注2］ある出来事がその後の段階に次々と影響をおよぼしていくこと。
［訳注3］フレドリクソンは「拡張 – 形成理論」（broaden-and-build theory）を提唱し、喜びや安らぎといったポジティブな情動が思考 – 行動のレパートリーを拡張させ、その人の身体、認知、社会的な能力資源を継続的に形成すると主張した。

ムには、(a)視床下部－下垂体－副腎系、(b)自律神経系、(c)扁桃体と前頭前野に関与する神経回路がある。こうしたシステムは、ストレス要因に対する反応の速度と強度によって定義されるストレス**反応**と、この反応を調節したりコントロールしたりする傾向とされるストレス**調整**を制御する。あまりにも恐ろしく圧倒される出来事の中で、子どもは生物学的に**調整不全**な状態に陥り、反応が常軌を逸し、調整できなくなる。重要なことは、生物学的調整不全は多くの心理的・身体的な不健康と結びつくことである。そこには、抑うつ（LeMoult, Chen, Foland-Ross, Burley, & Gotlib, 2015）、不安（Dierckx et al., 2012）、心的外傷後ストレス障害（PTSD；Weems & Carrion, 2007）、注意欠陥多動性障害（ADHD；Isaksson, Nilsson, Nyberg, Hogmark, & Lindblad, 2012）、その他の行動問題（Doom, Cicchetti, & Rogosch, 2014）がある。

トラウマ、視床下部－下垂体－副腎系、自律神経系

　視床下部－下垂体－副腎系は、「ストレスホルモン」であるコルチゾールの放出と調整を制御し、通常、急性ストレス下で増加し、最高値に達すると減少する。視床下部－下垂体－副腎系反応は、ストレス要因にさらされて約20分間でコルチゾールレベルがピークに達するまで長く続くが、自律神経系の反応は瞬間的に生じ、それは闘争－逃走反応（fight-or-flight response）として理解される。その反応には、エピネフリンの放出や心拍と呼吸率の増加を促す交感神経系の活動、また身体を休息に向かわせる副交感神経系の活動が含まれている。視床下部－下垂体－副腎系と自律神経系が柔軟であれば、ストレスに反応し、かつストレスから効果的に回復することにより、身体は均衡を保つことができる（McEwen, Gray, & Nasca, 2015）。それゆえ、適応には視床下部－下垂体－副腎系と自律神経系の適度な反応が重要なのである。

　アロスタティック過剰負荷理論によれば、生後数年間の慢性的な活性化による生物学的反応と調整システムの消耗が、そのシステムの機能不

全とそれに付随する健康問題を最終的に引き起こすと考えられる (McEwen & Wingfield, 2003)。**状況に対する生物学的感受性** (biological sensitivity to context) あるいは**差次感受性** (differential susceptibility [訳注4]) を含むその他の理論は、子どものアウトカムが生得的な反応傾向と生育環境の質との相互作用によることを示唆している (Ellis, Boyce, Belsky, Bakermans-Kranenburg, & van IJzendoorn, 2011)。さまざまな知見が混在しているが、視床下部－下垂体－副腎系の鈍い反応は、そのシステムがストレスに反応できないことを示しており、虐待やネグレクトを受けた子どもたちに共通して見られるパターンである (Bruce, Fisher, Pears, & Levine, 2009; Cicchetti & Rogosch, 2001; Jaffe et al., 2015)。ストレス反応の鈍さは、トラウマが持続する状況で生き残るために短期的には役立つかもしれないが、長期的に見ると心身の健康に犠牲を強いることになるようである。

　養護施設や里親に育てられた子どもに対する前方視的な縦断研究から、精神保健の研究者は、早期のネグレクトやケアの改善が生物学的反応と調整システムにもたらすものについて多くのことを学んできた。特に、ブカレスト早期介入プロジェクト (Bucharest Early Intervention Project : BEIP; Nelson, Fox, & Zeanah, 2014) は、長期にわたって施設に収容された子どもでは、一連の心理社会的ストレス要因に対する視床下部－下垂体－副腎系と自律神経系の反応が全般的に鈍くなることを示している (McLaughlin et al., 2015)。人生早期のヒトの生物学的な柔軟性は、ストレスが「困ったものになる」度合を高めるが、しかしそれは、介入をすればその後生物学的な回復がもたらされる可能性があるということでもある。事実、マックローリンら (McLaughlin et al., 2015) は、家族を基盤にしたケアを実際に受けた子どもが、施設に預けられた経験がない子どもと非常によく似た機能パターンを示すことを見出した。こうした結果は、視床下部－下垂体－副腎系と自律神経系の発達に人生早期の養育環

[訳注4] 小さな変化に対する感受性の強さのこと。

境が影響することを強く示唆し、また早期のネグレクトがストレス反応に対して永続的な影響をもたらすことを示している。しかし、養育の質を改善する介入は、ストレス反応の異常なパターンを正常に戻すのに役立つ。重要なことだが、ブカレスト早期介入プロジェクト（BEIP）から得られた知見は、ルーマニアでの意義深い政策変更につながり、それ以降は2歳以下の子どもの施設収容が禁止されている（Nelson et al., 2014）［注］。

　早期の養育が視床下部－下垂体－副腎系におよぼす強力な影響は、昼間のコルチゾール調整のパターンを検討した研究でも観察されている。急性ストレスに対する反応に加え、視床下部－下垂体－副腎系は1日のコルチゾール放出を調整する。定型発達の人では、コルチゾールは目覚めたあとにピークになり（コルチゾール覚醒反応）、その後次第に減少し、就寝時に最低レベルになるというリズムがある。急性ストレスに対するコルチゾール反応を検討した研究を見ると、日中のコルチゾールを検討した多くの研究が、早期のトラウマがコルチゾールの鈍化したパターンと関連することを示している。つまり、午前中のコルチゾールの増加が少なくなり、1日を通して傾斜が平坦になるのである。このパターンは、早期のトラウマに続いて起こる結果として、その後の児童期にも観察される（Cicchetti & Rogosch, 2001; Kuhlman, Geiss, Vargas, & Lopez-Duran, 2015）。それはまた、虐待やネグレクトを受けた過去をもつ幼い子どもにも当てはまる。たとえば、バーナード、ツワーリング、ドージャー（Bernard, Zwerling, & Dozier, 2015）は、乳児期にマルトリートメントを受けた子どもは3～6歳まで日中のコルチゾールパターンが鈍化することを

［注］ブカレスト早期介入プロジェクト（BEIP）は、精神的な弱さを抱える参加者を保護する強力な監視をすると同時に、プロジェクトを研究対象の子どもに適用する際には干渉しないという方針のもとで行われた。危険なことだが、ブカレストにある地方児童保護委員会がどちらか一方の子どもたちを里子に出し、もう一方の子どもたちを自分の家族に戻すように命じても、研究チームはそれに干渉しなかった。このプロジェクトが抱える倫理問題は他所で詳細に議論されている（Miller, 2009; Millum & Emanuel, 2007; Nelson, Fox, & Zeanah, 2014; Rid, 2012; Zeanah, Fox, & Nelson, 2012）。

見出した。さらに、この調整不全なパターンはより大きな外在化（externalizing［訳注5］）徴候を予測してもいる。

　しかしながら、良好な親の存在は、コルチゾールの非定型的パターンをもたらすストレス反応系の慢性的活動から子どもを保護するようである。たとえば、6ヵ月児を対象にした研究で、ボスケ・エンロウ、キングら（Bosquet Enlow, King et al., 2014）は、親子の間にストレス要因がある場面で母親が感受性を高めると、乳児の適応的応答と調整力が向上することを見出している。つまり、母親が引きこもる（ストレス要因）と視床下部 – 下垂体 – 副腎系と自律神経系の反応が増加し、母親と再融和するとベースラインに回帰したのである。対照的に、感受性が低いままの母親の乳児は、そのストレス要因に対して増幅した反応を示したまま回復することはなかった。乳児に見られる増幅反応は、その後鈍化した視床下部 – 下垂体 – 副腎系と自律神経系の反応の出現に先立って現れるのかもしれない（Gunnar & Quevedo, 2007）。良好な養育にはこのネガティブなプロセスを防ぐ可能性がある。

トラウマ、扁桃体、前頭前野

　良好な親の存在が反応と調整に有用なことは、扁桃体と前頭前野を含む神経反応の研究でも観察されてきた。情動刺激に対する反応に重要な働きをする脳の両側にある扁桃体は、とりわけ生後最初の数年の間によく反応するようだ（Gee et al., 2013b）。同時に、情動反応に対してトップダウン式の調整的コントロールを行うと理論的に説明される前頭前野の活動は、比較的弱くなる。子ども時代の扁桃体と前頭前野の連結の「未熟な」プロファイル［訳注6］によって、分離不安といった早期の恐れが説明できるという仮説が設けられている（Gee et al., 2013b）。視床下部

［訳注5］攻撃行動、持続的なかんしゃく、盗癖、自制の喪失、行動化など自己の外部に現れる問題行動。
［訳注6］情報連結システム。

－下垂体－副腎系と自律神経系と同じように、生後最初の数年間の扁桃体－前頭前野回路の柔軟性は、環境からの影響を受けやすくするのである。

　もしも幼い子どもに、情動反応を調整するのに重要な働きをする神経連結のプロファイルがないのなら、激しいネガティブな情動状態からうまく回復することをどのように学ぶのだろうか。人生早期にある感受期の間、親からの刺激は、扁桃体の反応を鈍らせることによって、調整を補助する役割を担っていることを示唆する研究がある（Gee et al., 2014）。理論的にいえば、親の一貫した存在を通して、低減した扁桃体反応と高まった前頭前野の活動のパターンを青年期までに軌道に乗せられれば、年長者は対処するのが難しい情動刺激に対して一人でうまく対応できるようになるのである（Callaghan & Tottenham, 2016）。ポジティブな親の存在は扁桃体と前頭前野の適切な連結を促進させると考えられることから、早期の養育剥奪とネグレクトは扁桃体－前頭前野の回路の発達を非定型的なものにするという仮説が設定できそうである。

　人生早期に扁桃体の反応を調節するために養育者を利用できない子どもには、神経回路の発達に違いが生じるという経験的エビデンスがある。ギーら（Gee et al., 2013a）は、かつて施設に入所していたことがある子どもを対象にした研究で、扁桃体－前頭前野の回路の発達が促進されたことを見出した。その子たちの扁桃体－前頭前野の連結のプロファイルがより成熟していたのである。しかしながら、発達を加速させるという代償効果の可能性があったとはいえ、施設入所の経験がある子どもたちは、家族環境で育てられた比較群の子どもたちより、怖い顔に対して強い扁桃体反応を示したのである。まだよく理解されていないが、早期にトラウマにさらされた子どもに見られる脳の領域が成人の脳のような連結を見せる未熟な移行は、鈍い視床下部－下垂体－副腎系反応と同じような働きをしているのかもしれない。早い段階で成熟したプロファイルに到達することは、扁桃体の活動が慢性的であるときにはその場を生

き延びるのには役立つが、こうした扁桃体 – 前頭前野の回路の切りつめたような発達は、最終的には問題をはらむ機能を生み出すのだろう。子どものマルトリートメントが「大脳辺縁系の損傷」を残すことは研究によって実証されており、マルトリートメントを経験した大人は脅威に対して扁桃体が過剰反応し（Dannlowski et al., 2012）、扁桃体 – 前頭前野の連結に異常を示すのである（Jedd et al., 2015）。

トラウマと脳の構造の発達

矛盾した知見の解明にはさらに研究が必要だが（Humphreys & Zeanah, 2015）、人生早期のトラウマが脳の構造に非定型的な発達をもたらす可能性を示唆する研究が出現してきている。おそらく、最も劇的な知見は、極度のネグレクトと感覚剥奪を受け、脳の大きさが大幅に小さかった子どもたちを対象にした研究で見られる（Perry & Pollard, 1997）。早期に受けたトラウマ後の構造的な変化は、いくつかの異なる脳の部位で観察されている（Teicher & Samson, 2016）。子ども時代にマルトリートメントを受けた大人（McCrory, De Brito, & Viding, 2010）、養育剥奪を受けた子どもと青年（Hodel et al., 2015）、親の精神病理（Chen, Hamilton, & Gotlib, 2010）に関する研究は、両側の海馬の容積が減少することを示している。学習と記憶の中心である海馬もまた、脳のグルココルチコイド（コルチゾール）受容体の原発部位であり、コルチゾールレベルの異常から非常に損傷を受けやすい。3～6歳児の海馬の容積を評価したルビーら（Luby et al., 2013）は、貧困層の子どものほうが容積が小さいこと、またこの関連性は敵意のある親の養育行動やストレスの多い出来事によって引き起こされることを見出した。脳の発達に対する養育の影響の大きさを指摘したリフキン – グラボイら（Rifkin-Graboi et al., 2015）は、母親の感受性の正常な範囲内の変動でさえ、乳児の海馬の容積を予測させることを見出した。

海馬の大きさに関する知見に加え、マルトリートメントを受けた子ど

もと青年の研究は扁桃体の容積にも異常を見出している。海馬と同じように、扁桃体もグルココルチコイド受容体の密度が高く、それゆえコルチゾールの異常なレベルに影響される可能性がある。子どものマルトリートメントの神経生物学的影響に関する最近の論評で、タイチャーとサムソン（Teicher & Samson, 2016）は、扁桃体の容積の増加は早期の情動的ネグレクトそして／あるいは身体的ネグレクトを受けた子どもと青年で見られると記述した。このネグレクトには、施設入所によるケアの剥奪によるもの（Mehta et al., 2009; Tottenham et al., 2010）、母親の慢性的な抑うつにさらされたもの（Lupien et al., 2011）が含まれている。対照的に、扁桃体の容積の減少は、多様な形態のマルトリートメントを発達の全過程で受けたより年長の青年と成人で多く見出されている。全体的に見ると、マルトリートメントに早期にさらされると、最初は扁桃体の容積が増加するが、その後もマルトリートメントにさらされ続ければ、扁桃体の容積が減少していくのであり、それは後の発達期にならないと観察されないものなのである。

細胞の老化と遺伝子発現に対するトラウマの誘導的変化

　人間と動物のモデルを使った新しい研究は、トラウマが細胞の老化や遺伝子発現を引き起こし、不健康なアウトカムを増大させるリスクがあることも示唆している（Van den Bergh, 2011）。エピジェネティック・プログラミング［訳注7］という過程では、トラウマにさらされると、遺伝子のスイッチが切られたり入れられたりする。つまり、その経験は遺伝的レベルでは実質的に永続し、将来の機能に影響していく。早期のトラウマ後の細胞の老化とエピジェネティックな変化のマーカーは、ストレスや心の健康と関連したDNAのテロメア（telomeres）の短縮と異常なDNAのメチル化と関連している。

［訳注7］DNA配列の変化によらずに、遺伝子発現を活性化させたり不活性化させたりするプログラミング。

テロメアとは、それぞれのDNA鎖の末端にある保護キャップ［訳注8］である。その長さは、生物学的老化の指標であり、テロメアが短いほど、加齢が進み、病気の罹患率が高くなり、死ぬまでの時間が短くなる。研究は、早期のトラウマが「テロメア浸食」をもたらす可能性を示唆しており、マルトリートメントなどの経験をした子どもたちのテロメアは短い（Shalev et al., 2013）。こうした知見は、幼い子どもはマルトリートメントによる直接的な身体的損傷から死にいたる危険性が高いだけでなく、トラウマを直接的には受けなくなってからの平均余命も短くなる可能性を示唆している。おそらく最も懸念されるのは、子宮内でストレスにさらされた若い成人で短いテロメアが見出されていることであり、このテロメアの長さの縮小化は、細胞の老化でいうと3.5年に相当すると見積もられている（Entringer et al., 2011）。本書の対象範囲を超えるが、こうした知見は、妊娠中にストレスやトラウマにさらされた母親の子どもはストレスによる生物学的マーカーに変化があることを示す非常に多くの他の研究知見とも対応している（Bock, Wainstock, Braun, & Segal, 2015）。
　遺伝子発現のサイレンシング（silencing［訳注9］）と関連するDNAのメチル化の進行は、ストレスやトラウマにさらされた子どもたちで認められている。縦断的なサンプルを用いたエセックスら（Essex et al., 2013）は、生後1年以内に親から高いストレスを受けた子どもたちが、15歳の時点で多くのDNAでメチル化が進行しており、その一部は早期の家族内でのストレスや逆境と結びついていることを見出している。乳児を対象にした別の研究は、胎児期に母親の抑うつや不安にさらされた新生児では、コルチゾールを調整する遺伝子のメチル化が進行することを見出した（Conradt, Lester, Appleton, Armstrong, & Marsit, 2013）。遺伝子－環境の相互作用を解明するには今後さらに研究が必要になるが、ストレスにさらされることとエピジェネティック効果とが関連するという知見は、非

［訳注8］染色体の末端が擦り切れないようにする蓋のこと。
［訳注9］遺伝子の発現を停止させること。

定型発達と不健康なアウトカムに潜在する「根本的原因」を示唆している（Essex et al., 2013, p.71）。

認知と言語の発達にあたえるトラウマの衝撃

　生後数年間は、急激な生物学的発達と同時に認知発達が劇的に進行する。実行機能スキルの急速な獲得は、誕生から6歳までの間で段階を追うように生じる。ワーキングメモリー（作業記憶）、抑制的コントロール、注意のコントロール、認知的柔軟性を含むこのスキルは、学習と学力に必要な「建築用のブロック」である（National Scientific Council on the Developing Child, 2011）。事実、科学者たちは、数や文字に特化した知識より実行機能を就学のレディネスとしていっそう重要だと見なしており（National Scientific Council on the Developing Child, 2011）、また幼稚園時代に発現する読み書き能力と計算能力を予測するワーキングメモリーと注意のコントロールの重要性にも言及している（Welsh, Nix, Blair, Bierman, & Nelson, 2010）。実行機能と密接に結びつきながら、言語の発達は生後数年の間に急速に進んでいく。定型発達の子どもは、生後13ヵ月で初語を話し、その後1年以内に最初の文が生じる。5歳から6歳までに数千語の意味を学び、言語の基本的な文法構造をマスターし、会話を続けることができるようになる。大人の能力の基盤が子どもと青年の学力にあるように、幼児期に認知と言語のスキルを首尾よく獲得する子どもには将来活躍する力が備わる（Masten & Tellegen, 2012）。

　残念ながら、必ずしもすべての子どもが認知と言語の発達で健全な軌跡をたどるわけではない。生後18ヵ月から13歳まで深刻なネグレクトと虐待を受け、運動と話し言葉に広範な障害を負ったジニーのような衝撃的な初期の症例研究（Curtiss, 1977）は、マルトリートメントの最も深刻な形態の末路を明らかにした。それ以来、多くの研究が、幼児期は認知と言語の発達の感受期だという仮説を支持してきた。ここでは、家族の

リスク要因（例：貧困）、最適ではない養育（例：非感受性）、そしてトラウマ（例：DV）が幼い子どもの認知と言語におよぼす影響に関する研究を取り上げる。

家族のリスク、最適ではない養育、認知と言語

幼児期が認知と言語の発達の感受期であることを最も広く示した知見は、貧困な環境で育った子どもと経済的に豊かでさまざまな利益を受けてきた子どもの能力の間に顕著な差異を見つけ出した研究であろう（Halle et al., 2009; Votruba-Drzal, Miller, & Coley, 2016）。「人生早期の悲劇」という時代を画す研究で、ハートとリズリー（Hart & Risley, 2003）は、貧困な生活を送っていた3歳児と裕福な生活を送っていた3歳児の間には3,000万語の違いがあることを記録した。2年半の間、その著者たちは、毎月1時間、42家族を観察し、言語を学習中の子どもと親の普段のやりとり場面を1,300時間以上にわたって記録したのである。彼らは、貧困な子どもが1時間あたりに聞く語の数は裕福な子どもの3分の1であることを見出した。記録された語の質も社会経済的な序列で異なり、裕福な家族の平均的な子どもは1年間に16万6,000の激励語と2万6,000の否定語を、一方、所得の低い家族の平均的な子どもは2万6,000の激励語と5万7,000の否定語を聞いていた。生後2年間の言語の発達に関するより新しい研究で、フェルナンド、マーチマン、ワイズリーダー（Fernald, Marchman, & Weisleder, 2013）は言語獲得に必要な処理スキル（例：正確性、速さ）を取り上げ、低所得者層のよちよち歩きの幼児は高所得者層の子どもより6ヵ月遅れることを見出した。

貧困な状態にある子どもは、そうでない子とは異なる形態の親の養育行動を経験し、より高いレベルのストレスとトラウマにさらされた親をもつ可能性がある。最適な認知発達には、養育者からの適切な刺激と足場が必要である。当然のことだが、養育環境は、探索が怖いものというよりもむしろ安全なものであり、養育者が脅威の根源というより刺激と

援助の資源と知覚されるものでなければならない。刺激をあたえてくれるおもちゃや本が備わる環境を用意する経済的資源の欠如に加え、金銭の重圧に苦しむ養育者は、より危険な場所に住み、また日常のストレスも高くなるため、子どもの認知発達を促進させる養育行動（例：子どもの日課作りや子どもへの語りかけ）をとることが困難になりやすい。事実、貧困があると、DVや地域の暴力にさらされる率が高く、応答的でない粗暴な世話、虐待、ネグレクトも起こりやすい（Evans, 2004; Ondersma, 2002）。それゆえ、貧困な子どもが聞く語の数と質の低下は、トラウマや最適ではない養育を受けることと結びついているのかもしれない。

　認知と言語の能力の獲得を支える養育者の直接的な言動、また貧困や家庭機能といった家族要因がもつ間接的な影響、この両者が認知発達に影響している。たとえば、**足場**には、スキルの模範を示すこと、動作を語って聞かせること、また必要なときには手助けをすることによって、子どもの学習を支える養育者のその場での直接的な行為が含まれている。対照的に、良好な家庭機能は、有益なやりとりが生じる安全な状況を提供することによって、学習に間接的な影響をもたらす。発達におよぼす直接的また間接的な家族要因についての情報を統合するために、ヒューズとエンサー（Hughes & Ensor, 2009）は、家庭生活と子どもの実行機能を多様な観察と自己報告を用いて測定した。2歳時の実行機能を統制すると、4歳時の実行機能が、母親によるより望ましい足場作りや計画性といった養育行動や、家庭状況の混乱の低さと関連することが見出された。望ましい足場作りや計画性は高い実行機能を予測し、問題のある家庭機能は低い実行機能を予測したのである。

　ヒューズとエンサー（Hughes & Ensor, 2009）の研究結果によれば、家族のリスク要因と養育行動が発達におよぼす影響はすぐに明らかになるため、2歳から4歳の誕生日の間に生じる実行機能に測定可能な変化となって現れてくるのだという。家族のリスク要因もまたともに現れるのだろうが、その現れ方は個別に異なり、さまざまな組み合わせのもとで異

なる影響をおよぼしてくるのである。パーソンセンタード・アプローチを用いて、ローヅ、グリーンバーグ、ランザ、ブレア（Rhoades, Greenberg, Lanza, & Blair, 2011）は、乳児期の家族のリスク要因の集合を特定して分類した6つの子どもの下位グループを割り出した。これらのグループは、貧困な生活あるいは過密な家族である可能性、そして母親の種類――シングルマザー、妊娠中の喫煙、10代での初産、気分障害、生活上の強いストレス、社会的支援の乏しさ――によって分類された。著者たちは、乳児期のリスク要因の特定の集まりが、よちよち歩きの幼児期の実行機能（ワーキングメモリー、抑制的コントロール、認知的柔軟性）について他に類を見ない予測をすることを見出した。白人系の子どもの場合には、母親が結婚していると分類された下位グループ（**結婚している母親で低リスクのグループ、あるいは、結婚している母親でストレスや抑うつがあるグループ**）のいずれでも、最も優れた実行機能のアウトカムと関連していた。対照的に、アフリカ系アメリカ人の子どもでは、一番リスクが低いグループ（**結婚している母親で低リスク**）だけが、望ましい実行機能と関連していたのである。

　ローヅら（Rhoades et al., 2011）の知見は、多様な家族要因の特有な組み合わせが実行機能のアウトカムのばらつきを最も確実に把握する可能性を示唆している。重要なことに、彼らは、代わりを務めるプロセスについても情報を提供している。それは、人種や民族による集団の違いによって、家族のリスク要因がいかに異なった働きをするのかという情報である。次のステップは、リスクのこうしたプロファイルがどのようによちよち歩きの幼児期にある子どもたちの実行機能の問題とつながっていくのかを問うことであろう。初期の養育が発達に対して強力な影響をおよぼすことを示す萌芽的研究に則して、ローヅらは、乳児期に観察された親の養育行動の質が、乳児期の家族的リスクとよちよち歩きの幼児期の実行機能との関連を説明することを見出した。具体的に言えば、養育は、家族的リスクのある幼い子どもを支援することも、あるいは妨害す

ることもできる。母親の関わりがちょうどよくかみ合うものであれば有益であるが、母親の関わりの侵入性が強くなれば有害なアウトカムが多くなるのである。

トラウマと認知と言語

トラウマにさらされた子どもに関する研究は、DVやマルトリートメントが認知や言語にあたえる否定的な結果が、貧困によるそれをはるかに凌ぐことを示してきた。たとえば、社会経済的地位を統制して、イースティとシチェッティ（Eigsti & Cicchetti, 2004）は、乳児期に虐待とネグレクトを受けた未就学児には顕著な言語の遅れがあることを明らかにした。この関連を説明する一つのメカニズムは、不適切な養育をする親によって提供される言語入力量の違いであるのかもしれない。ハートとリズリー（Hart & Risley, 2003）によって見出された「人生早期の悲劇」に対してトラウマに特化した洞察を加えながら、イースティとシチェッティは、マルトリートメントを受けた子どもたちの母親は、親子のやりとり場面で話す言葉の数や問いかけが少なく、あまり複雑な文章では話さず、否定的な命令文を使用することが多いことを見出した。より最近の研究では、コーウェル、シチェッティ、ロゴシュ、トス（Cowell, Cicchetti, Rogosch, & Toth, 2015）が、マルトリートメントの時期と深刻さが3〜9歳の子どもの実行機能の障害と関連することを明らかにした。とりわけ、乳児期にマルトリートメントにさらされた子ども、そして慢性的にマルトリートメントにさらされてきた子どももまた、マルトリートメントの経験がない子どもより、抑制的コントロールとワーキングメモリーの成績が著しく劣ることが示された。すでに述べたように、乳児期のマルトリートメントは、認知と言語を支える脳の構造と機能の発達を崩壊させる可能性があり、マルトリートメントを受け続ければ、その障害がさらに悪化するのである。

縦断的デザインを用いて、人生早期のDVが幼い子どもの認知発達

におよぼす影響を検討した研究は少ない。そうした研究は、初期のトラウマの因果的影響を見きわめ、その影響が時を経てどのように連綿とつながっていくのかを理解するために重要である。ボスケ・エンロウ、エジェランド、ブラッド、ライト、ライト（Bosquet Enlow, Egeland, Blood, Wright, & Wright, 2012）は、ミネソタ親子縦断研究（Minnesota Longitudinal Study of Parents and Children）に参加した低所得の母親と子どもたちを対象に生後5年間にわたって観察と面接を繰り返し、子どもの知能指数、家族の社会統計学的な変数、パートナー間の暴力への曝露体験を評価した。もう一度述べるが、未就学期だけでなく、乳児期に大人のパートナー間の暴力にさらされることが認知的アウトカムを低下させることと関連していたように、人生早期のトラウマへの曝露は、子どもの知能指数に最も有害な影響をあたえるようであった。事実、乳児期にパートナー間の暴力にさらされると、子どもの出生時体重、家庭での認知的刺激、そして母親の年齢や教育歴や社会階層を統制しても、生後24～96ヵ月の子どもの認知得点が7.25ポイント低下することが予測されたのである。幼い子どもたちが憂慮されるほど高い確率でDVにさらされていることが政策上何を意味するかについて論述した影響力のある研究で、グローヴス、ザッカーマン、マランス、コーエン（Groves, Zuckerman, Marans, & Cohen, 1993）は、はっきりわかる身体的徴候を示さない「声なき被害者」をきちんと見つけ出す努力が、プライマリケアの幅広い段階で必要だと論じた。彼らは、自分の経験を言語化する能力に制約がある未就学児の場合には、医師は親に子どもが暴力にさらされた体験があるかどうかを尋ねるべきだと指摘している。

　DVと虐待は、親子関係を悪化させ、認知的刺激を提供する親の能力を阻害し、子どもの探索行動を禁じるほど危険な環境を作り出すという、直接的で有害な否定的影響によって特徴づけられる。そうした暴力はネグレクトと一緒に生じやすいが、ネグレクトには暴力とは対照的に、慢性的にひどく刺激が不足するという特徴がある。ネグレクトが認

知発達に関わる問題のリスクを高めるメカニズムは、暴力や虐待のそれとは性質が異なるのかもしれない。たとえば、ネグレクトを定義する特徴の一つである長期間の刺激の欠如は、脳の成熟を制限する可能性があり、それが認知と言語の障害をもたらすのだろう。暴力への曝露とネグレクトが引き起こす帰結の違いはまだ解明されていないが、多くの研究が、生後数年のうちに十分な刺激を受けない子どもは、認知と言語の発達が非定型的になることを証明してきた（Pechtel & Pizzagalli, 2011）。最終的には、ネグレクトされて育った子どもたちは、学齢期になると読みと算数の成績が悪くなってしまうのである（De Bellis, Hooper, Spratt, & Woolley, 2009）。

社会情動的発達に対するトラウマの衝撃

　今では、マルトリートメントやDVといった体験の社会情動的な害は、身体に直接加えられる害よりも長期間続くことが多く、また、衰弱させやすいことがよく実証されている（Aber & Cicchetti, 1984; Toth & Cicchetti, 2013）。初期の研究で記述された一つの例は、早期のトラウマの社会情動的な害が、暴力にさらされる経験が他者への攻撃的な行動を強めるように、時間も対象とする人もその範囲を拡大していく可能性である（Widom, 1989）。誕生から5歳までの間に、子どもは養育者へ完全に依存する状態から社会的相互作用へ能動的に参加するようになり、遊びや会話を始め、さらに友情を築くようにもなっていく。情動表現がより複雑になり、見分けやすくなるにつれて、友だちや家族は新しいやり方で子どもに反応するようになる。また、情動を区別したり情動に名前をつけたりする能力が高まるにつれて、子どもたちは養育者や友だちに上手に応答する能力が高くなる。こうした変化は非常に適応的で、絆と生存力を促進させる。たとえば、生後8〜12ヵ月頃、子どもは怖い状況をうまく乗り切るために、養育者の顔の表情を区別し始める（Baldwin &

Moses, 1996)。さらに成長するにつれて、社会的スキルを拡大させ、心の支えにもなる友情を築くようになる。

　社会的な領域と情動的な領域の発達は相互に依存しているので、どちらの領域でトラウマによる崩壊が起きても、それらの働きが悪化するサイクルが作り出される。他の発達領域と同じように、養育者は社会情動的な発達においてきわめて重要な役割を演じており、逆境的体験から子どもを保護することもあれば、逆にその体験を悪化させることもある。不適切な養育をする養育者の子ども、あるいは自分自身がトラウマを抱える養育者の子どもには、社会情動的な発達の混乱が非常に起こりやすく、その影響が情動調整と関係性に即座に現れたり、また長期にわたって続く問題を発生させたりする可能性がある。

トラウマと情動調整

　情動調整、つまり情動反応を高めたり低めたりする調整を暗黙裡にあるいは努力して行う活動についての研究は、この数十年の間に急激に増えている（Gross, 2013）。自分の情動をうまく調整する子どもは困難な課題に適切かつ柔軟に対応できるが、調整できない子どもは過度に情動的になったり、抑制的になるか、もしくは不適切な情動を抱いたり、攻撃的あるいは破壊的な行動をしたりする可能性がある。人生早期の情動的な表現や行動にあたえる即時的な影響に加え、情動の調整不全は長期にわたって精神病理を引き起こすこともある。事実、情動の調整不全は、気分や不安の障害を決定づける特徴であり、また、ADHDや自閉症といった障害に典型的に見られる要素でもある（Gross, 2013）。それゆえ、生後数年の間に情動を調整する能力がどのように発達するかを理解することは、ストレスやトラウマがいかにこの能力を損なわせるかを理解することと同様に、精神病理の予防と治療にとってきわめて重要である。

　人生早期の情動調整は、養育者との相互作用によって決定されることが多い（Calkins & Hill, 2007）。**共同調整**と呼ばれるプロセスにおいて、養

育者の活動は、幼い子どもの情動表現を持続的に調節するのに役立っている。うまくいっている共同調整には、感受性豊かな養育と安全な愛着関係という特徴がある。認知的足場（cognitive scaffolding）とよく似ているが、共同調整は最終的に子どもが自分一人で情動を調整することを学ぶ手助けをする。しかしながら、このプロセスは、養育者自身がトラウマを受けているとうまくいかないことがある。トラウマに対処し、良好な養育者‐子ども関係を維持する養育者の能力は、子どもの情動調整の発達にとって大変重要である（Pat-Horenczyk et al., 2015）。

　研究はこの理論を支持しており、PTSDをもつ母親の乳児や幼い子どもは、情動調整の問題やそれに付随する内在化と外在化の症状を示すリスクが高くなることが示唆されている。ボスケ・エンロウら（Bosquet Enlow et al., 2012）によれば、PTSDの母親をもつ6ヵ月児は、乳児に苦痛反応を誘発して共同調整させる課題に取り組ませるように計画、構造化された相互作用である「静止した顔パラダイム」（Still Face Paradigm）（Tronick, Als, Adamson, Wise, & Brazelton, 1978）での応答で、情動調整が乏しいことが見出されている。情動の調整不全は、典型的ではない情動表現として示され、そこにはストレス要因がなくなったあとも持続する激しい苦痛反応が見られることがある。情動の調整不全の結果を見ると、PTSDの母親をもつ乳児は、生後6ヵ月の時点では外在化や内在化された症状を、また生後13ヵ月ではさらにひどい調整不全の症候を示してもいた。こうした知見は、情動を自己調整する母親の能力と幼い子どものその能力との関連を検討した研究に映し出されている。パット‐ホレンズイックら（Pat-Horenczyk et al., 2015）は、イスラエル人の母親と2～6歳の子どものサンプルで、母親の情動調整が「子どもの行動チェックリスト─調整不全プロファイル」（Child Behavior Checklist-Dysregulation Profile）（Achenbach & Rescorla, 2001）によって測定された子どもの情動調整問題を予測することを見出した。事実、母親の情動調整は、母親のPTSDと子どもの調整不全との関係を明らかにしたが、それは子どもの

調整不全のリスクを作り出すのは精神病理そのものというより、母親の情動調整にあたえるトラウマの衝撃である可能性を示唆している。

　心の健康に問題を抱える親の子どもは、その子自身も心の健康の問題を経験しやすい（Hancock, Mitrou, Shipley, Lawrence, & Zubrick, 2013）。母親の情動調整の混乱は、精神病理の世代間伝達の中心的メカニズムである可能性がある（Pat-Horenczyk et al., 2015）。母親と子どもは情動的にも生理的にも同調的に共鳴するため、子どもが親の不適応な調整パターンを真似する可能性を示した研究もある（LeMoult et al., 2015; Waters, West, & Mendes, 2014）。相当な歳月が経過しても、母親のトラウマ体験はわが子の人生に傷跡を残すのである。最近行われた21年間にわたる縦断研究で、ロバーツら（Roberts et al., 2015）は、虐待された経験のある母親の子どもは抑うつを経験しやすく、その不均衡は31歳まで持続することを見出した。トラウマにさらされた幼い子どもを治療するときには、養育者のトラウマ体験を考慮することが非常に重要なのである。

　大きな気がかりは、自分自身が虐待されていたことを報告する養育者はわが子を虐待しやすいことである（Widom, 1989）。しかしながら、「これは必ずそうなるというわけではない」（Pears & Capaldi, 2001, p.1440）と強調しておくことが重要である。「安全で、安定し、思いやりがある」家族関係は、この虐待のサイクルを断ち切るようである（Jaffee et al., 2013, p.1）。虐待にせよネグレクトにせよ、不適切な養育をする養育者は、子どもが自己調整するのを学ぶ手助けができないため、子どもの情動調整に深刻なリスクを課すことになる。それどころか、不適切な養育をする養育者の子どもは、短期的には利益になるが長期的には不利益になるような情動処理の異常な方略を学習する可能性がある。たとえば、一貫性がない養育者に育てられる子どもは、注意を引くために情動を増幅することを学び、養育者から虐待される子どもは、相互作用を回避するために情動を制限することを学習するだろう（Mikulincer, Shaver, & Pereg, 2003）。

マルトリートメントには、問題のあるさまざまな情動調整パターンを引き起こすエビデンスがある。たとえばモーガンとシチェッティ (Maughan & Cicchetti, 2002) は、マルトリートメントを経験した4〜6歳の子どもの約80％に調整不全の情動調整パターンがあることを見出している。情動調整ができなかったりアンビバレントであったりする子どもたちもいれば、過剰なコントロールがあったり応答ができなかったりする子どもたちもいた。異なる愛着経歴をもつ子どもを対象にした研究で、コチャンスカ (Kochanska, 2001) は、生後14ヵ月までに子どもはさまざまな情動表現をすることを見出した。不安－抵抗型の愛着スタイルをもつ子どもは、33ヵ月間にわたって恐れが最も強くて喜びが弱かったが、回避型の子どもには恐れが強い傾向が見られ、未組織型の子どもでは怒りが強くなった。不安定型愛着の子どものネガティブな情動の増加とポジティブな情動の減少は、行動問題や精神病理の出現に先行するのかもしれない。事実、モーガンとシチェッティによって見出された調整不全のパターンは、深刻な行動問題と関連しており、それはまた、幼い子どもにおけるマルトリートメントと内在化された症状との関連性を明らかにした。性的虐待を受けた未就学児を対象にした研究では、問題のある情動の調整が虐待への曝露と外在化された問題との関連性を完全に成立させていた (Langevin, Hébert, & Cossette, 2015)。

トラウマと愛着関係

　幼児期のトラウマは、幼い子どもが主な養育者と形成し、行動や情動の調整に深く関わる絆や愛着を破壊しうる。愛着理論によれば、こうした絆が発達にとって決定的に大切である (Bowlby, 1988)。親と子の関係は、愛着を維持し、子どもの生理、情動、行動を調整する働きがある行動と関係している。特に、養育者に向かって泣き叫ぶといった子どもの接近探索行動は、子どもの苦痛を和らげ、安全感を提供する親の反応を引き出すのに役立っている (Osofsky, 1995)。子どもが安全感を獲得する

と、彼らは遊びや探索行動に向かうことができる。しかしながら、接近探索行動が成功するかどうかは、愛着対象の感受性や応答性しだいである（Ainsworth, 1989）。親がネグレクトしたり虐待したりすると、子どもは愛着対象の普段の振る舞い方や自己の価値について普通ではない予想をするようになる。エインズワースら（Ainsworth, Blehar, Waters, & Wall, 1978）が証明したように、不安定な愛着関係は、母親の感受性のなさや、頼りにできないものあるいは怖いものと見なされる親にしがみついたり、抵抗したり、あるいは回避したりする子どもの行動として特徴づけられる。

　本章で述べるように、愛着関係という文脈で子どもの情動がうまく共同調整されることが、適応的な発達には重要である。その発達には、もっとあとの年齢になって自己調整する子どもの能力や精神病理に対するレジリエンスが含まれている。不安定型の愛着スタイルのタイプには回避型と抵抗型があり、また比較的最近明らかになったものとして未組織な混乱型がある（Carlson, 1998; Hesse & Main, 1999）。最適とは言えないものの、**回避**型と**抵抗**型の愛着スタイルには、短期的にはメリットがあるストレス対処の方略が含まれている（Dozier, Meade, & Bernard, 2014）。対照的に、**混乱**型の愛着スタイルは、ネグレクトや虐待を受けた子どもにより一般的であり（Cyr, Euser, Bakermans-Kranenburg, & van IJzendoorn, 2010）、ストレスに対処する組織化された方略が見当たらない（Carlson, 1998）。この愛着スタイルは、広範な心理生物学的調整不全や即時的かつ長期的な心理的問題が生じるリスクと関連している（Dozier et al., 2014）。それはこうした問題を起こし持続させる一因になるとともに、混乱型愛着を示す子どもは、将来的なトラウマを引き起こすようなさらに深刻な問題を抱える可能性がある。事実、乳児期に混乱型の愛着を示すことは、10代後半の重度の PTSD 症状を予測させる（Bosquet Enlow, Egeland et al., 2014）。

　母親の行動を無視したりあるいは怖がったりすることに加えて、母親のマルトリートメントにさらされた体験（Lyons-Ruth, & Block, 1996）、母親

の精神病理 (Hayes, Goodman, & Carlson, 2013)、母親の愛着表象 (van IJzendoorn, 1995) は、子どもの不安型や混乱型の愛着スタイルと関連している。こうした知見は、親の経験と心理的問題が親子関係の発達で果たす役割の重要性を指摘している (Dozier, Bick, & Bernard, 2011)。混乱型愛着をもつ子どもたちは、親を押しのけるようにも振る舞う。それは、その子たちが親を必要としない、あるいは親によって慰められることがないことを示唆するような行動である (Dozier et al., 2014)。一番心配なことは、親がこの行動をそのまま返す可能性であり (Stovall & Dozier, 2000)、それは回復するのに必要なケアを子どもが受け取ることのない反復的サイクルを生み出してしまう。この反復的サイクルは、混乱型愛着を示す子どもは「解決なき恐怖」(Hesse & Main, 1999, p.484) を経験するという考えの特徴をよく示している。

　情動調整と愛着関係の問題は、精神病理の発達と結びついてきた。本書があつかう範囲外になるが、PTSDといった障害は早期のトラウマを受けた幼い子どもたちの間で生じる。子ども時代のマルトリートメントは、さまざまなタイプの精神病理の根底に横たわる原因である可能性があり、児童期に始まる精神疾患を引き起こすリスクのある人々の45%にマルトリートメントがあると見積もられている (Green et al., 2010)。最近の研究は、心の健康の障害がどのように人生早期に顕在化するのかについての理解を促すことや、診断基準に発達的視点をより丁寧に取り込むことに焦点を当ててきた。しかしながら、トラウマを受けた多くの子どもたちが心の健康の障害を引き起こす以上に、レジリエンスを示すことを強調することが重要である (Bonanno, Westphal, & Mancini, 2011)。養育者と子どもの関係の改善に焦点を当てた早期介入は、深刻な暴力やネグレクトにさらされたケースにおいてさえ、レジリエンスを高める可能性があるだろう。

まとめ

　本章の各節では、人生早期のトラウマが特定の機能領域に対してもつ衝撃について述べてきたが、発達とは生物学的、認知的、言語的、そして社会情動的なシステムが高度に統合されたものであることを心にとどめておくことが大切である。たとえば、実行機能の獲得は、学業だけではなく、情動を調整して社会的に成功する子どもの能力を促進するように思われる（National Scientific Council on the Developing Child, 2011）。同時に、生物学的な反応性と調整の異常パターンは、認知的な活動を妨害し、情動調整、行動、精神病理に関係する問題の根幹となる可能性がある。ケンドール‐タケット（Kendall-Tackett, 2002）が記したように、「健康は、行動、思考、情動、そして社会的な結びつきからなる複雑な連結網に依存し……虐待はこうした結合のどこかで、あるいはすべてで、健康に影響をあたえる可能性があり、こうした結合経路は個々の治療対象者で異なる」（p.725）のである。

　発達にあたえるトラウマの衝撃に関する現在の研究の流れは、ある領域の変化がいかに他の適応的発達に影響するかを知るために、多様な生物学的、認知的、そして社会情動的な評価を統合しようとするものである。さらに、スクリーニングや治療の向上をめざして、トラウマへの曝露の量、近接度、タイプ、深刻度、慢性度、そして時期によって、トラウマがあたえる異なる影響を描き出すことへの関心が高まっている。これらの研究を包括的に論評することは本章があつかう領域を超えている。しかしながら、中断することのない戦争、頻繁に生じるテロ行為、発生率が高くなっている大災害があることを前提にしながら、発達心理学者もまた、地球規模で後の世代にきわめて重大な意味をもつこととして、大規模なコミュニティレベルのトラウマがどのように子どもの発達に影響するかを検討している（Masten, Narayan, Silverman, & Osofsky, 2015;

Masten & Osofsky, 2010)。最近の研究で、トラウマが幼い子どもにあたえる衝撃の理解はかなり深まったが、この年齢集団はまだ研究の主役にはなっていない。これからの世代の科学者は、幼い子どもの研究が健康問題の予防だけでなく、原因の理解にもきわめて重要だということを認識しなければならない。関連することだが、幼い子どもはトラウマの影響を受けず、トラウマを忘れ去り、否定的な反応をから抜け出して成長するという考えを払拭することが大切である。人生早期の経験には永続する衝撃があるということは非常にはっきりしている。

　本章では、早期の養育が良好なものでも否定的なものでも、長期間にわたる適応にきわめて重要であるという多くのエビデンスを見てきた。養育者がトラウマの原因であるとき、子どもには非常に否定的なアウトカムが現れる。しかしながら、こうしたケースでさえ、レジリエンスが働く可能性がある。ここで取り上げた多くの研究が、養育者との関係が改善すると子どもは回復し、逆境の中でも良好な養育をすれば子どもが守られることを示している。そうした研究知見について次の３つの章でさらに注目し、親子関係を対象にした特殊な治療法について詳細に論じていく。

　人生早期の発達は非常に複雑であるゆえに、この領域の仕事は刺激的でやりがいがあるものである。幼い子どもは、研究者と臨床家には「動く標的」である（Franks, 2011)。なぜなら、現在の発達段階に適した評価や治療を行っているときでさえ、子どもは変化し続けているからである。トラウマが発達におよぼす衝撃に関する既存の研究は、けっして最終的なものでも決定的なものでもない。しかし、こうした研究は、幼い子どもに対してトラウマインフォームドな治療法、その中でも特に親子関係を改善する治療法を用いることを支持している。付録では、トラウマにさらされた子どもの評価や治療に役立つ可能性があるものとして、本章で指摘した重要なポイントをまとめている。以下の章で、トラウマになる出来事を経験した幼い子どもを評価し治療する際に利用できる３

つの治療法を紹介する。いずれの治療法も、エビデンスに基づくものであり、その理解を助ける臨床例を記載する。

第 **2** 章

子ども-親心理療法

　第 1 章で再検討したように、養育のタイミングと質は子どもの長期的なアウトカムにとって重要である。5 歳未満の幼い子どもの心の健康の問題に気づいて早期から治療的介入を行うことで、より深刻な問題に発展するのを防ぐことができる (Egger & Emde, 2011; Osofsky & Lieberman, 2011; Tronick & Beeghly, 2011)。幼い子どもに最も広く実践されている心理療法の一つが「**子ども-親心理療法** (Child-Parent Psychotherapy：CPP)」(Lieberman, Ghosh Ippen, & Van Horn, 2015; Lieberman & Van Horn, 2005, 2008) で、トラウマにさらされた乳幼児とその養育者を支援するために考案されたエビデンスに基づく治療法である (Lieberman, Ghosh Ippen, & Van Horn, 2006; Toth, Maughan, Manly, Spagnola, & Cicchetti, 2002)。愛着システムは、危険や安全に対する子どもの反応を組織化するのを助ける。情動や行動の問題は愛着や関係性の問題に関連することが多いため、CPP は、信頼や安全感、適切な感情調整を取り戻すことを重視し、愛着を支え強めるために子どもと養育者が一緒に取り組むようにできている。トラウマにさらされた幼い子どもを支えるために、CPP はトラウマに関連して引き起こされる反応を正常なものだと説明したり、子どもを正常な発達の道筋に戻したりするように働きかけるのである。

　親の子育ての目標、しつけに対する考え方、また発達に期待するも

の、に対する違いを含め、その家族がもつ文化的価値観に留意することが重要で、多様であることの強みに気づき、それを尊重することに重きを置く (Ghosh Ippen & Lewis, 2011; Lieberman et al., 2015)。介入は特定の家族やその家族が抱える事情に合わせて行われ、文化はその事情の重要な一部である (Lewis & Ghosh Ippen, 2004; Lieberman, 1990)。最近のCPPのトレーニングでは、文化的に多様な家族に働きかける際に異なった方法を用いながら、多様性の課題を治療にうまく統合しようとしてきた。臨床家たちは治療の中核的な構成要素を保持しながら、家族のニーズと背景に応じて、関わりや治療の方略を修正するよう奨励される。CPPの基本的な理論原則と中核となる目標は、多様な集団に適用できると考えられる。CPPは幅広い民族的マイノリティグループ――ラテン系（メキシコ人、中央・南アメリカ人）、アフリカ系アメリカ人、アジア人（中国人）――に広く実践されてきた。大部分を人種的マイノリティが占めるサンプルで実施された4つの無作為抽出試験を含む臨床研究データが、文化的に多様な集団に対する本治療の効果を実証している。

　CPPの根底にある理念とは、愛着システムがトラウマ体験を含めた環境に対する子どもの反応を組織化するということ、また、幼児期に現れる問題は愛着関係の文脈の中で最も適切に取り扱うことができるということである。CPPは、子どもとその母親や父親、つまり主要な愛着対象との関係性が、最も重要な「介入の糸口」であり、また、子どもの発達、特に社会的また情動的な発達を支えるための介入の機会であるという前提に立っている。CPPは、親もしくは養育者と子どもに働きかけ、情動や行動の調整をさらに促すが、それはトラウマにさらされた子どもたちにとってきわめて重要である。

子ども-親心理療法のエビデンス

　CPPは、エビデンスに基づく治療法として、物質乱用・精神保健サ

ービス局 (Substance Abuse and Mental Health Services Administration：SAMHSA) の5つの無作為化比較研究に基づく全米実証的治療プログラムと実践 (National Registry of Evidence-based Programs and Practices：NREPP) に組み込まれている。その研究は、介入のない、もしくは別の治療法を受けた対照群の家族に比べ、CPP を受けた家族群でより改善した結果を一貫して見出してきた (https://www.samhsa.gov/ 参照)。第一の研究では、愛着の質が調査され、CPP は不安型愛着を示すよちよち歩きの幼児と母親の関係性を改善する、という仮説が検証された (Lieberman, Weston, & Pawl, 1991)。不安型愛着を示すよちよち歩きの幼児と母親の集団の半数が、子どもが生後12ヵ月になったときから1年間 CPP を受けた。もう半数は治療を受けない対照群であった。結果は、対照群に比べ、CPP の介入を受けたよちよち歩きの幼児のほうが目標志向的活動によく取り組み、回避、抵抗、怒りが少ないことを示した。介入群の母親たちはわが子への共感性が高く、またやりとりも多かった。

　第二の研究では、抑うつ状態の母親をもつよちよち歩きの幼児の愛着の質、認知的発達、および家庭内の雰囲気が調査された。そこでは、抑うつ状態の母親をもつよちよち歩きの幼児の愛着の安定性への影響について、CPP と標準的な治療法の治療効果が比較された。その結果、CPP を受けた抑うつ状態の母親をもつよちよち歩きの幼児では、愛着の安定性が顕著に改善した (Toth, Rogosch, Manly, & Cicchetti, 2006)。2002年、トスらは第三の研究を実施した。その研究では、多民族から構成されたマルトリートメントがある低所得者層家族とマルトリートメントがない低所得者層家族、計122組に対して無作為化された比較研究を行い、CPP を家庭訪問での心理教育およびその地域における標準的治療法と比較した。また、そこには低所得者層の比較対照群も含まれていた。マッカーサー物語バッテリー (MacArthur Story Stem Battery［訳注1］) (Bretherton et al., 1990) を用いると、CPP を受けた子どもたちは他の2群より非適応的な表現が顕著に減少し、否定的な自己表象も大幅に減少し

た。また、母子の間に期待される関係性も、他の2群に比べ顕著に良好な変化と傾向が見出された。

　リーバマン、ヴァン・ホーン、ゴッシュ・イッペン（Lieberman, Van Horn, & Ghosh Ippen, 2005）らは第四の研究を行い、DVにさらされた未就学児と母親の組み合わせに見られるPTSD、行動問題、母親の症状を調査した。そのサンプルは、多民族からなる75名の未就学児で、平均年齢は4歳だった。母子は1年間にわたって週に1回CPPを受ける群と、地域に根差した支援とケースマネジメントを受ける群とに分けられた。その結果、CPPを受けた群では、全般的な行動問題やトラウマによるストレス症状、および診断状態に顕著な改善が見られた。さらに、治療を開始してから1年後には、母親の回避行動やPTSD症状が顕著に改善した。終結から半年後の追跡調査では、改善した状態が維持されていた。

　シチェッティ、ロゴシュ、トス（Cicchetti, Rogosch, & Toth, 2006）によって行われた第五の研究では、マルトリートメントを受けた乳児の愛着の質と視床下部－下垂体－副腎系の調整が検討された。研究に参加した家族は137組で、CPP群、子育ての心理教育的介入群、地域の標準的な治療群に無作為に分けられた。4つ目の群は、低所得者層でマルトリートメントのない52名の乳児とその母親からなる対照群であった。CPPと子育ての心理教育を受けた群はいずれも、他の2群に比べて愛着の安全性に改善が見られた。研究をさらに発展させるために、CPPと子育ての心理教育を受けた群を組み合わせ、シチェッティ、ロゴシュ、トス、ストーゲ－アップル（Cicchetti, Rogosch, Toth, & Sturge-Apple, 2011）は、CPPか子育ての心理教育を受けたマルトリートメントのある乳児群は、マルトリートメントを受けていない乳児と同様のコルチゾール調整反応を示

［訳注1］人と動物の図を使って、子どもに愛着システムを活性化させるような仕方で話したり演じたりしながら複数の物語の出だしを示し、それぞれの物語を自分で完成させるように促す一組の心理検査。

すことを見出した。しかしながら、地域の標準的な治療を受けた乳児では調整不全が進行していった。ストロナック、トス、ロゴシュ、シチェッティ（Stronach, Toth, Rogosch, & Cicchetti, 2013）による追跡調査では、CPP を受けた子どもたちは、地域の標準的な治療を受けた子どもたちよりも、安全型愛着の出現率が高く、また混乱型愛着の出現率が低いことが継続して見出された。

子ども-親心理療法の流れ

　幼い子どもと養育者が治療を受けるときに最も重要な最初の一歩は、他の心理療法と同様、治療的関係を築くことである。臨床家は養育者がCPP に参加するのが適切かどうかをまず見きわめなくてはならない。評価と早期治療において難しいが重要な点は、養育者自身の過去のトラウマとともに、子どもが体験したトラウマとなる出来事の情報を集めることである（Fraiberg, Adelson, & Shapiro, 1975; Lieberman, Padrón, Van Horn, & Harris, 2005）。トラウマについての情報を集めておくことによって、臨床家はCPP の中でトラウマをあつかい、徐々に全体像が見えてくるようになるため、トラウマについての情報は治療の初期段階においてきわめて重要である。そうすることによって、子どもと養育者の双方に、自分たちの過去について話してよいし、臨床家は聴いてくれるのだ、ということを伝えることができる。それは、少しずつではあるが、トラウマ体験について話すことは恥ずべきことではないと伝えていくことになる。CPP の初期段階では、親や教育者が、トラウマ体験と情動、そして幼い子どもが示す行動にはつながりがあること、また子どもの行動には意味があることを理解する手助けをする。本書で述べているように、幼い子がトラウマとなる出来事を体験したら、それはその子のそのときの情動や行動に影響するだけでなく、適切な発達をも阻害する。治療の主な目標は、関係性を用いて養育者と子どもの双方に関わり、正常な発達の

道筋に戻すことである。

　CPPには、子どもの目標、大人の目標、関係性の目標がある。子どもに対する主な目標は良好な心の健康を支えることであり、それは関係性を通して働きかけることで最も着実に達成される。安全と情動的安心を取り戻すことが肝心で、これは他のどの目標よりも優先される。トラウマは信頼を傷つけ、安全性に影響をあたえるため、治療の主な目標は、情動的に有害な認識とやりとりを関係性の中で修復することである。この目標は、虐待やネグレクトを経験してきた子どもたちにも、また、物質乱用や精神疾患に向き合う親をもつ子どもたちにとっても特に重要である。CPPでは、幼い子どもが否定的な情動に対処することや、より健全な方法で感情を表現することを学べるよう手助けする。その治療過程で、臨床家は養育者の心理的機能や養育スキル、また養育能力もあつかっていく。CPPの実施に必要な重要基準は、(a)0～6歳児の難しい行動や情動に対処すること、(b)トラウマとなる出来事を体験した子どもや家族を支援すること、(c)心の健康、認知能力、動機の面で、治療に参加でき、それを望み、それにふさわしい養育者がいることである。

子ども‐親心理療法の治療計画

　CPPは、治療中のアセスメント、治療、再アセスメントを含む、家族とセラピストとの共同作業である。目標は、家族のニーズによって階層的である。治療の初期段階でも、治療過程のさまざまな時点でも、アセスメントによって目標が決められる。治療計画は常に、身体的・心理的安全を第一に考える。**身体的安全**とは、それなりに暮らせる家や食べ物があって、親子が安全に過ごせるということであろう。DVがあるケースでは、必要であれば、安全に保護する指示が含まれるだろうし、物質乱用のケースでは、治療の決まりをきちんと守り、ケースの治療計画

に従うという指示が含まれるだろう。**心理的安全**では、物質乱用や精神疾患を含むその他の不適切な環境にさらされることから親と子を守ることが含まれることもある。

　親は、感情調整や限界設定、また適切なしつけの仕方について、わが子や親自身をサポートする方法を学ぶのに支援を必要としているかもしれない。トラウマに焦点を当てた治療の初期の目標には、養育者がトラウマ反応を認識することや、症状やトラウマのリマインダー［訳注2］、さらにトラウマの引き金に対処する方法を学ぶのを手伝うことが含まれてくるだろう。治療経過の中で、臨床家は、養育者がその子にとってのトラウマ体験の意味を理解できるように、また、安全感、情動調整、健康な愛着、さらに理解を促すようなやり方で子どもに応答できるようにガイドする指針を提供する。この作業は、伝統的な「トラウマのナラティブ（物語）」という形態をとることもあれば、そして／あるいは、養育者によって子どもの象徴的な遊びに現れるテーマをその子のさまざまな情動状態や行動に結びつける一連の瞬時的な場面になる可能性もある。治療目標は、親や養育者、そして子どもの体験とニーズを優先させなければならない。治療計画を立てる間は、以下の治療目標を念頭に置くことが重要である。それは、(a)現在の活動に参加することや将来の目標を計画するなどして、その子が普通の発達の道筋に戻ることを後押しすること、(b)正常な感情興奮レベルを維持すること、(c)親密な相補的関係を実現すること、(d)親子間の結びつきを取り戻し、ゆるぎないものにすること、(e)愛着と適切な感情を取り戻すように手助けすること、(f)認知的、行動的、情動的機能を改善すること、である。

［訳注2］トラウマを思い出させるもの。

子ども-親心理療法の基本

　CPPは複数の理論を土台にして発展し、愛着理論、精神分析理論、家族システム理論、発達理論、そしてトラウマ理論を統合している。CPPのアプローチは独自なものであり、トラウマと愛着の二重の視点を用い、愛着が最も重要であるという認識に立つ。主な構成要素には、子どもの自由遊びと、養育者と子どもの自発的なやりとりとを軸にした子どもと養育者とで一緒に行うセッションがある。セラピストは、親子で共有できる意味を作り出すために、養育者と子どもの間の「パイプ」や翻訳者の役割を果たす。介入は、介入の糸口や介入の機会となる子どもの行動、そして／あるいは、親の行動と、親子のやりとりを対象としている。セッションでは感情共有を促すことに焦点を当て、支持的な心理教育くらい基本的な、シンプルな方略から始める。治療が進むにつれて、変化を促すための解釈のようなより複雑な介入も取り入れていく。CPPの実践家の基本的役割は、安全や信頼を強め、親が子どもの行動や遊びの背景にある意味を理解する手助けをし、また同時に子どもが親の行動や情動表現の背景にある意味を理解できるように援助しながら、子どもと親の間の翻訳者として振る舞うことである。

子ども-親心理療法と相容れないもの

　CPPを他の治療的介入方法と比較・対比するとき、何がCPPとして適切ではないと考えられるのかを認識しておくことが大切である。セラピストの役割は親よりもよい親になることではない、ということを念頭に置くことは常に重要だ。セラピストは、親に成り代わって子どもと遊んだり関わったりすることで、親が親のように振る舞う役割を「奪って」はならない。唯一の例外は、セッション中に安全性に関する懸念事

項が出てきたときだけである。その他にセラピストが親よりもよい親になってしまうことがあるのは、相手の意図を反映するようなコメントや質問のほうが適切な場面で、基本的に親に取って代わったようなやりとりを子どもと直接してしまい、親としての好ましい関わりの手本になってしまうときである。幼い子どもと関わる仕事を選んだセラピストたちは「子ども中心」になりやすいため、親に関与させることなく、ただ見ている状態にしたまま、セラピストが子どもと遊んでしまいやすくなるだろう。このようなタイプの介入は、関係性を基盤とするCPPと相容れるものではない。もう一つ生じやすいのは、親との会話であり、よくあるのが、親にそのセッション全体を使わせて、わが子に関する悩みを相談させることである。子どもと年齢相応に関わることなく行われるセラピー場面での大人同士の会話は、CPPでは不適切な構成要素なのである。

子ども－親心理療法の段階

アセスメントと関わり

　アセスメント過程は、他の心理療法と同様、クライエントと治療同盟を築くところから始まる。それは、CPPでは、親または養育者と幼い子どもの双方との間で治療同盟を築くことに他ならない。初回面接では、親か養育者だけと会うのがよい。子どもがいると、重要な背景情報やそれまでの経緯に関する情報を集めるために、こそこそと話し合うようなことになるからである。治療を開始するために、親や養育者が子どものために治療を求めている理由を知ることや、子どもの症状、人口統計学的情報、発達歴についての情報を集めることが大切である。初回面接に続いて、セラピストは自由遊びや構造化された遊びの中で子どもと養育者を観察して評価する。観察することで、臨床家は子どもがどのように親や養育者と関わるか、どのようにやりとりするかを知ることがで

きる。また、セラピストは面接や観察を通じて、保育園や幼稚園といった他の場所で、またその他の養育者との間で見られるその子の行動や反応についてできるだけ情報を集めるとよい。子どもを観察することで、年齢相応のスキル、調整能力、関係性の質、強い領域と弱い領域といった子どもの発達的機能についても知ることができる。アセスメントの観察場面で、臨床家は、繰り返される遊び、トラウマとなる出来事についての語り、過覚醒、性的興奮、回避、その他のトラウマ関連症状など、トラウマに関連した症状に注意深くあるべきである。

　アセスメント期間中、臨床家は親、養育者との面接、観察、また可能であればトラウマ出来事スクリーニング検査—親用改訂版（Traumatic Events Screening Inventory-Parent Report Revised）（Ghosh Ippen et al., 2002）などの構造化面接を用いて、子どもの過去のトラウマ体験について情報を集める。セラピストはまた、親のトラウマ体験について聞き取り、重要だと思われる場合には、親の抑うつについてもアセスメントをする。親が子どもの行動や反応の何に困っているかといった親の子どもに対する認識と同様に、親の考えや子育ての仕方について知っておくことは大切である。アセスメントや治療に関わることのある養育者とは、祖父母、養親、里親、その他の親族である。兄や姉が関わる場合には、叔父や叔母といった親戚、その子にとって重要な養育者であれば親しい友人、また子どもの生活にとって重要な役割を果たしている他の人たちと同じように含められるだろう。どの大人を治療に含めるべきかをアセスメントするために、臨床家は、子どもにとって主要な愛着対象は誰で、毎日の世話をしているのは誰かを知っておかなくてはならない。すべての養育者を対象に、誰が子どもの安全を守っており、その子の情動的安定がその人の行為によって影響を受けるかどうかを知っておくことが必要である。臨床家は、その人の存在が子どもの生活を安定させる可能性を長い時間をかけて評価しなければならない。そのアセスメントの一部として、養育者が子どもの経験を理解する能力があるかどうか、情動的ある

いは精神的にしっかりしていて子どもの情動やニーズに対して予測可能な反応を返せるかどうか、また応答的で感受性豊かな世話をする気があるかどうかを見定めておくことが大切である。

子ども-親心理療法によるトラウマの枠組みの設定

　CPP を始める際には、子どもを含めた面接を開始する前に、養育者にフィードバック面接を行うことが重要である。フィードバック面接中に、治療におけるトラウマの枠組みについて親と話し合い、また、親と協力し合いながら、子どもに向けてどのようにトラウマをあつかっていくかを相談する。臨床家はこの面接で、フィードバックに対する親の反応を見ながら、CPP が適切かどうか見定める。

　そのアセスメント後に設けられる子どもと親または養育者との最初のセッションでは、親にも聞かせながら、なぜ治療に連れてこられたのかを子どもに説明しなくてはならない。その理由がトラウマに直接関わることであれば、トラウマを特定し、そのトラウマに関する心配ごとについて、子どもと親や養育者のために詳細に話し合うべきである。先に述べたように、親または養育者が子どもに対して支持的に反応し応答する準備ができるよう、重要な情報を得ながら会話の枠組みを設定するために、セラピストと親は面接の前に２人だけで会い、面接の方向性について話し合っておかなければならない。また、そのセッション場面では、セラピストは可能な限り親がリードできるようにサポートすべきである。治療過程が始まったら、必要に応じて、セラピストは、親子が治療につながった理由に関連するテーマを呼び起こすようなおもちゃを選ぶ。そのテーマはどのおもちゃで遊んでいるときにも見られるかもしれないし、セラピストや親にはそれとわかりにくいこともあるだろう。しかし、人形の家、攻撃的な動物、もしくは穏やかで優しい動物、おもちゃの食べ物、家族の人形など、相互的な遊びを促すおもちゃを用いることはテーマを呼び起こす助けになると思われる。

最初の親子一緒の面接では、親にフィードバックしたり子どもにCPPを紹介したりしながら、子どもや親の反応と、トラウマの枠組みの中で子どもに提供されるサポートを評価するために、面接で出現する可能性があるテーマについて話し合う。親子の間での元気が出るような遊び、相補的関係、感情の共有は、CPPの過程における重要な一部であり、遊びの間、セラピストは介入の糸口や機会を観察し注意深く見ておく。介入は、子どもや親、あるいは親子の関係性に対して行われる。しかしながら、セラピストは、すべての介入は親と子の両者によって聞かれ、処理されるものだと認識することがきわめて重要である。介入の目的は、親や養育者とその子どもとの関係性の中で、理解を深めることなのである。

子ども−親心理療法におけるトラウマの処理
　治療的作業で肝心なことは、トラウマに関する直接的で明確であり、また年齢相応な認識、そしてその後に現れる可能性がある情動や行動の反応を考慮することだが、それらにはトラウマの引き金や回避、そして情動や行動の調整不全が含まれる。一緒に遊ぶ目的は、子どもと親がトラウマ体験に関連する気持ちを理解して言葉で表現することを学んだり、まだ言葉を話せない幼い子どもの場合には、遊びの中で気持ちを表現する仕方を学んだりするのを手助けすることである。そうした介入は、親や子どものニーズ、また可能な限り親子関係のニーズも満たすように設定され、すべての参加者が今ここでどう理解し、どうやりとりしているかを取り上げながら行われる。治療的作業を通して、親は子どもの情動的体験が当然のものであることや、わが子が情動や行動を調整するのをどう手助けしたらよいのかを学ぶことができる。こうした活動が、信頼と安全を再構築するために、トラウマ体験に関する共通の物語をともに紡ぎ出すプロセスを開始させるのである。
　たいていの場合、CPPは、子ども、養育者、セラピストが一緒にい

る部屋で行われるが、これは治療的作業にとって望ましいやり方である。しかしながら、ときには、養育者と子どもの面接を行いながら親だけと面接する、親と子で別々に面接する、さらに養育者が参加できないときには子どもとの個別面接をするなど、他の面接構造を取り入れるほうがよいとセラピストが考えることもある。しかし、セラピストは、CPPが子どもも親も含めた2人を一組として行う心理療法であることを理解することがきわめて重要である。治療同盟を維持する方法を選ばなければならないときは、親または養育者との関係を第一義的に考えなくてはならない。大人との関係を維持していることが、子どもが治療に来るために欠かせないからである。親や養育者との関係はアセスメント過程から始まっているのであり、その際、セラピストは養育者が治療過程の重要な一部だと理解していることを伝えておく。

トラウマのナラティブ

養育者や子どもとトラウマのナラティブを紡ぎ出す作業に入る前に、幼い子どもたちは養育者との関係性の文脈の中で理解される必要があるということを認識し、受け入れておくことが大切である。その関係性の中に虐待やネグレクトがあるとか、他にもトラウマとなるようなことがあれば、これらすべての要素を含めて考えることが重要である。親とともに取り組んでいく臨床家は、調整不全になった情動や行動を「抱え」、そうした情動や行動には「意味」があることを理解し、さらに親子ともに感情を調節し、遊びや言葉を使ってそれを表現する方法を学ぶ手助けができなくてはならない。トラウマとなる体験は、象徴遊びや象徴的な行動、行動での再演、身体による再体験、もしくは言語表現を通して明らかになることがある。望ましいのは、計画的で指導的な、そして言語を用いた構造的な発展と、自発的で計画されていない行動的な反応とが混じり合ってトラウマのナラティブが発展していくことである。

親や養育者は、臨床家のように準備ができている。臨床家は臨機応変

で開かれており、ナラティブ体験を広げ、深めていく役割を担おうとするだろう。臨床家の準備の主な要素は、先に詳しく述べたアセスメント過程である。ときには、言葉や遊びを通してトラウマとなる出来事について語るのに、子どものほうが親よりも心の準備ができていることもある。臨床家が演じる役割で重要なことは、親が子どもの遊びや言葉に気づく能力や、子どもと一緒に参加できる能力を高めることである。繰り返しになるが、他のすべてのCPPでの作業と同じように、臨床家は親と子どもの両者のニーズを支えながら、彼らとともに取り組まなければならない。トラウマのナラティブを紡ぎ出すにあたって、子どもと親を支え、手助けするには、親と臨床家は曖昧さを受け入れ、たとえ不完全なものだとしても、意味を作り出すことが重要であり、ナラティブを作り出すことそれ自体が目的ではないと認識しておくことが必要である。

子ども‐親心理療法の中核的介入

介入の糸口とその領域

　介入の糸口はCPPにおける「いつ」を表し、介入の領域は「どこで」と「どのように」を表す。CPPで中心となるのは、介入の糸口（介入の機会）と介入の領域の双方に焦点を当てることである。トラウマをあつかうとき、子どもと親が治療的作業をするにあたって安全な環境や状況にあることが何より重要で、これはCPPの第一原則である。そのため、折に触れて、セラピストはその他の懸念事項を考える前に安全かどうかに焦点を当てなくてはならない。たとえば、もし母親が安全ではない関係性に身を置いている（DVの関係等）としたら、セラピストは、親子の治療に焦点を当てる前に、母親とその点について取り組まなくてはならない。安全性と信頼の問題は、子ども、親それぞれの問題として、また一組の親子の問題としてもあつかわれなければならない。

　介入の糸口とは介入の機会のことであり、いつ、どこで臨床家が介入

するか、ということである。どのように介入するかを決めるにあたっては、親子双方に変化をもたらすと臨床家が思う最もシンプルな介入から始めることが大切である。CPPを実践するのに理論的背景は重要ではあるが、介入の糸口は何か特定の理論に拠っているわけではない。CPPは面接ごとにあらかじめ決まっている内容はなく、むしろ、治療の進み方は治療におけるまさにそのときの子どもと親のニーズによって決められる。たとえば、その場の状況に応じてタイミングよく行う発達ガイダンスが最も効果的な介入である場合もある。CPPの早期の治療に組み入れられる治療的介入として**赤ちゃんの代弁**（Speaking for baby）があり、セラピストはこの幼い子が行動によって何を示そうとしているのかを言葉にして親や養育者に伝える。たとえば、セラピストは「（僕と）一緒に遊んでくれるの大好き」「一緒におうた歌うの楽しいね」「自分でできるように見えるかもしれないけど、でも私まだちっちゃいから、手伝ってもらわないといけないの」などと、幼い子を代弁する。赤ちゃんの代弁は、それによって親がわが子のニーズをより深く理解できるようになり、たとえめちゃくちゃな行動だとしても、それは赤ちゃんにとって何か意味のあることなのだと親が学ぶのを手助けする重要な方法である（Carter, Osofsky, & Hann, 1991）。また、これは、セラピストにとって親子ペアで取り組む治療過程の初期にわりと学びやすい介入であり、セラピストが親に何をすべきか教えたり、親の代わりにやったりするのではない立場で関われるため、効果的である。**内省的ガイダンス**——子どもや親が感じていることを反映させる——もまた、治療に取り入れるのに効果的な介入方法である。

　CPPを実践する際、シンプルな介入方法では子どもや親に変化をもたらすことがなさそうなときは、他の心理療法でもそうだが、臨床家は抵抗や不信感、心理的な壁をあつかう介入を選ぶべきであると心にとどめておくことが大切である。CPPの作業では、セラピストは幼い子どもたちを注意深く観察することが本質的に大切である。なぜなら、幼い

子どもたちは自分のニーズを言葉で表現できないことが多いからである。信頼関係を築くことと、タイミングよく適切に介入することは、このうえなく重要である。子どもや親の表象的（内的）世界を理解するよう努めることや解釈を行うことは、通常は治療の後半に行うが、重要な作業の要素である。介入の糸口を選ぶにあたって、セラピストは、その家族と自分自身との関係、治療の段階、面接中のタイミング、そして、子どもや親が示す感情を考慮しなくてはならない。

　介入において最も重要な領域の一つが遊びであり、セラピストの役割は、遊びには意味があるのだということ、そして、遊びは幼い子どもが世界をどのように感じ、どう体験しているのかを表現する手段なのだということを親が理解できるよう手助けすることである。セラピストの役割は、親が子どもと一緒に遊べるように、子どものリードにどうついていったらよいかを学べるように、そして、最終的には子どもは遊びを通じて学ぶのだということを親が理解できるように、支えることなのである。セラピストはまた、遊んでいる最中に親の情動的反応を支えることも大切であり、特に、遊びの焦点がトラウマに当てられている場合、親がそれを見たり理解したりすることは難しいかもしれない。子どものトラウマのスクリーニングをしておくと、セラピストは子どもの遊びの意味をより理解しやすくなり、他方で、親のトラウマ体験を知っておけば、その養育者が統合し、きめ細かく丁寧に応答するのが困難であろうタイプの遊びの内容に対するセラピストの感受性を高めることになる。治療過程の後半になると、子どもが異なる遊びの様式を使ってトラウマのナラティブを紡ぎ出すことを理解し、またそれを手助けするのに、親が非常に重要な役割を演じるようになる。

　介入の第二の領域は、生物学的リズムと感覚統合の調整の手助けである。子どもはときに調整不全な状態に陥ることがある。というのは、親も調整不全な状態にあるからか、もしくは、もっとよくあるのは、子どもの行動や感情調整を支えるためにどうするのが一番よいかを親が知ら

ないからである。子どもの食事の時間や昼寝、就寝時間、保育園や幼稚園といった日常生活の流れを確立するのに支援が必要な親もいる。セラピストは、この支援の過程の中で、日々のスケジュールをこなす親の能力を妨げているものは何かを知ろうとしながら親と関わることが重要である。ときには、親はわが子の行動や情動をコントロールしたり制御したりするのにセラピストの手伝いを必要とすることがあるかもしれないが、もしそうした介入が必要であれば、親とも話し合ってうまく処理しなければならない。親には、幼い子どもの恐怖心や、あるいは、もっとよくある攻撃性に対する応答の仕方を示すことが役に立つかもしれない。トラウマにさらされた結果出てきたかもしれない恐怖行動に対して、セラピストは、子どもに有益で適切な応答の仕方を親が学び、それを実践できるように支援しなくてはならない。また臨床家は、親は子どもの恐怖心をないことにしてしまいがちだけれども、その子の行動や情動反応の理由を親が理解できるように支援すべきである。

子どもの頃の攻撃性と子ども‐親心理療法

いくらか攻撃的な行動をすることは、幼い子どもの発達において健全なものである。気持ちが高ぶったよちよち歩きの幼児は、その気持ちをより適切に表現する言葉が使えなかったり、そうした気持ちのままに振る舞うことを自らコントロールできなかったりすると、たたいたり、蹴ったり、噛んだりすることがある。親や他の大人たちは、穏やかでいたり、してはいけない行動に対して一貫性のある明確な態度を示したり、また子どもと話し合ったりすることによって、幼い子どもが自分の行動をコントロールする手助けをしている。幼い子どもがトラウマにさらされたときによく見られる反応は攻撃性である。その理由には、大人の暴力的行為を目撃してその行為を真似ている可能性、またトラウマにさらされた結果として言葉では表現できないくらい強い気持ちを抱いている可能性もある。そのため、攻撃的な行動に対処する通常の方法では、ト

ラウマを受けた幼い子どもたちには効果がないことが多い。さらに親や養育者自身もトラウマを受けているかもしれない。こうした理由から、攻撃性は親や養育者が治療を求めるきっかけとしてよく見られる問題である。親は、子どもの攻撃的な行動を収束させる方法や、最終的にやめさせる方法を学ぶのに手助けを必要とすることが多い。セラピストは、親が子どもの攻撃的な行動を向け直す方法を学び、また子どもが人を傷つけないやり方で怒りを表現できるようどう手助けしてやったらよいかがわかるように、親を支援することができる。こうした治療的介入によって、親は子どもの行動には意味があること、そして、攻撃的になるのは子どもが自分の気持ちと向き合うための数少ない手段の一つであることを理解するようになる。攻撃的な行動について話し合ったり、攻撃する代わりにどうしたらよいのかを考えたりする練習ができる雰囲気をセラピストが作れるとよいだろう。攻撃的な行動が、親の側にある怒りや傷つけるような行為に対する反応であるときもある。このような場合には、親の気持ちに十分配慮しながら、攻撃的な行動やそれが引き起こしている状況について話し合うことができる。

　その他の介入が必要な領域として、親の攻撃性や親の不在に関連するものがある。そんな介入をするときにセラピストにとって大切なことは、親を教育したり親に直接的に介入したりするだけではなく、怖いことや動揺することは起こるときがあり、それは話してもよいものなのだということを理解してもらうために、子どもと親の双方と関わることである。トラウマや喪失に起因する治療を求めている子どもにとって、面接の間の、そして、面接が終了する時点での気持ちの切り替えは困難なものかもしれない。これは、親と子の双方が過去に起きた圧倒されるようなトラウマや喪失について話せるようになるのを助ける機会となる。そして、親子双方が面接中や面接の終了時に生じると予期される切り替わりや喪失についてより深く考えることにつながる。重要なのは、この領域がCPPの中で信頼を築く場となり、また感受性に富んだ作業をす

る機会にもなるということである。

　治療の終結はまた別の介入領域であり、そこで重要なのは、少なくともいくつかのケースでは、その終結体験が子ども——もしくは親——にとってトラウマ的ではない初めての別れや喪失である、と認識しておくことである。それゆえ、治療の終結のプロセスにおいて重要なことは、親と子どもと一緒に準備し計画することなのである。

子ども-親心理療法モデルに対する忠実性を維持する方法

　CPP の生みの親たち（Lieberman et al., 2015）は、CPP への忠実性は内容への忠実度を含めて多面的でなくてはならないと認識していたが、実践にあたっては、個人の情動、精神内ならびに対人間の過程が重要な役割を演じることにも気づいていた。CPP の臨床家は、その瞬間の気持ちに気づき、体験と体験の間にある情動的つながりを見つけ、親と子がそれぞれに異なる動機やニーズをもつことを当然だと認め、親と子で葛藤し合う隠された意図について話すときには通訳者となり、そのトラウマに名前をつけ、何に傷ついているのかを恐れずに話し、憤怒に駆られた苦しみを思い出し、自分自身を大切にし、思いやりをもち、そして希望をあたえなくてはならない（Lieberman et al., 2015）。十分にトレーニングを受けた CPP の実践家によって求められる治療的なスタンスの複雑さを基本として、忠実性は 6 つの互いに連続した要素として概念化されている。この忠実性の 6 つの要素は、CPP のトレーニング場面で有用である。それらは CPP の過程を土台から支えるもので、スーパーバイザーがセラピストに助言やサポートをして支えてくれるのと同じように、臨床家の作業を導いてくれる。臨床家とスーパーバイザーは協力し合ってその家族を支援する方法を考える。忠実性の要素は以下の通りである。

・**内省的実践への忠実性**　臨床家は、親子のやりとりや、親子とセラ

ピストのやりとりに触発されることのある強い情動的な反応の避けえない出現に対処しなければならない。臨床家は、強い情動的反応が、親子に対して中立的でその心に寄り添う治療を妨げないように、こうした心情の世界に気づいていることが大切である。

・**情動過程への忠実性**　臨床家は、親子がそれまでに体験してきた逆境に対する複雑な気持ちと向き合い、より健康的に適応するために、親や子が自分たちの反応にどのような意味があるのかを学ぶ手助けをしなくてはならない。トラウマに関連した内容は親子双方に強い反応を喚起することがある。セラピストは、養育者が子どもの情動的な反応に名前をつけ調整する手助けをし、また、養育者自身の情動状態や対処反応について振り返ることができるよう支えなくてはならない。

・**2人の関係への忠実性**　臨床家は、その後のトラウマからの回復や通常の発達の道筋に戻るのを促すために、親子の間の関係性を支えなくてはならない。また、自分自身の言葉、活動、そして、活動しないことが、養育者と子ども双方にあたえる影響についてよく考えなくてはならない。特に、介入が養育者や子どもにどのように体験されるか、また、親子がどのように愛着の関係性を強めたり弱めたりするのかに注意を払わなければならない。

・**トラウマの枠組みへの忠実性**　CPPでは、親子が癒されるために、また、子どもの通常の発達の道筋を支えるために、臨床家は親子のトラウマ体験を明らかにし、取り組もうと力を尽くす。臨床家は、親子の間に生じる行動や反応をその親子の体験してきた文脈の中で親が理解できるように手助けすることによって、養育者の有効性を高めようとする。養育者は、子どもにとって恐ろしい体験を意味づけしたり、また、過去の状況と現在の環境を区別したりするのに支援を必要とすることもある。

・**過程への忠実性**　臨床家は、スクリーニング（質問紙に記入する）や

観察といった方法を含め、治療的作業を導き、体系化していくのに必要なきわめて重要な過程を実践する。アセスメントには発達的な要素だけではなく、重要なことだが、子どもと養育者双方のトラウマ体験の評価も含まれる。
・**内容への忠実性** 臨床家は治療の全体的な目標に沿いながら、子どもと養育者のニーズを満たすように臨機応変に治療を調整することもある。

子ども‐親心理療法における内省的スーパービジョンの重要性

内省的スーパービジョンはCPPのトレーニングや効果的な実践の重要な要素である（Osofsky & Weatherston, 2016）。より直接的なスーパービジョンとは異なり、内省的であるというのは、トラウマを受けた乳幼児やその家族との治療的な作業の中で瞬間的に激しい体験をしたときに、その体験が何を意味するのかについてよく思いをめぐらせる時間をとるために一歩下がることを意味している。この作業の中でどのような種類の思いが自分の中に喚起されるのだろうか、また、その思いは今目の前にいる幼い子どもや家族についていったい何を教えてくれているのだろうか？　信頼できるスーパーバイザーのいるトレーニングコースの内省的スーパービジョンは、臨床家が家族と一緒に取り組む際に生じる考えや気持ちをよく吟味して、その家族の自律性、成長、そして発達に対する目標に一番見合う介入を見きわめるのに役立つ。内省的スーパービジョンを最も効果的に運用するためには、スーパーバイザーとスーパーバイジーが、規則性と一貫性があり、信頼できる安全な環境を作り出すことが重要である。そこには協働――つまり、スーパーバイザーとスーパーバイジーの間での力と責任の共有と、開かれたコミュニケーション――が含まれる。そのような環境では、肯定的なものから否定的なものまでさまざまな情動や思考、さらに気持ちを安全に探っていくことがで

き、その場での個人的な反応がどのように重要な役割を果たすのか、そして、治療的な作業の意味を理解するのにどのような助けとなるのかを安全に学ぶことができる。

まとめ

　CPPは、トラウマとなるような出来事を経験したとき、乳幼児と養育者とともに取り組めるように考案された、エビデンスに基づく介入である。幼い子どもは愛着、行動や情動調整、そして／あるいは、心の健康の問題を抱えているかもしれない。CPPは関係性を支え、強めるように作られており、そしてその過程を通して、子どもが通常の発達の道筋を取り戻すのを手助けする。この関係性に基づいたアプローチは、乳児や子ども、そして親が遊びを通して発達や関係性の困難を適切に処理する空間を提供する。また、そのプロセスの中心となるのは、気持ちや考え、願いといった子どもの内的世界を親が振り返ることができるようにすることであり、そうする中で、養育者は幼いわが子にのしかかっているトラウマやその情動的反応についてより進んだ理解を得るようになる。セラピストのための内省的スーパービジョンはまた、セラピストが養育者を支えるのを手助けすることで、CPPのトレーニングでも治療的作業においても非常に重要な役割を果たすことになる。

第**3**章

愛着・生体行動的回復療法

　愛着・生体行動的回復療法（Attachment and Biobehavioral Catch-Up Intervention：ABC療法）は、デラウェア大学のメアリー・ドージャーらによって考案されたもので、トラウマにさらされた幼い子どもたちの治療として強力なエビデンスを有している。ABC療法は、マルトリートメントを受けた子どもたちのさまざまなアウトカムの改善に効果があるとされてきた（Dozier, Meade, & Bernard, 2014）。ABC療法では、マルトリートメントを受けたあとに里親と暮らす子も、そのまま生物学的な両親と暮らす子も含めて、異なるサンプルや状況で広く良好な効果が観察されてきたことが重要である。ABC療法は広く普及してきており、手続きを守り治療の忠実性を維持するよう注意深く取り組まれている（Caron, Bernard, & Dozier, 2016）。最近では、地域の相談機関でも首尾よく実施されている（Caron, Weston-Lee, Haggerty, & Dozier, 2015; Roben, Dozier, Caron, & Bernard, 2017）。本章では、ABC療法を考案、実施し、そしてエビデンスを検証してきた多くの科学者と臨床家による知見と調査結果を統合しながら、ABC療法の最新情報を再検討する。

　ABC療法は、理論的基盤を愛着理論に置いているという点で、子ども−親心理療法（CPP）と似ている。特に、ABC療法は、第1章で述べたように、混乱型愛着を減らすことに焦点を当てる。**混乱型愛着**はマル

トリートメントにさらされた幼い子どもたちの間でよく見られ、広範囲にわたる調整不全を示し、一貫性のある調整方略の欠如によって見分けることができる（Bakermans-Kranenburg, van IJzendoorn, & Juffer, 2005）。ABC療法は特に、マルトリートメントを受けた生後6〜24ヵ月の乳幼児を対象として考案され、彼らに特徴的な愛着ならびに心理生物的な調整の問題を減らすことに主眼を置く点で、CPPとは異なっている（Dozier, Bick, & Bernard, 2011）。乳児とよちよち歩きの幼児——マルトリートメントに対して極端に脆弱な集団——に介入することで、ABC療法には回復を促し、より深刻な問題に発展するのを防ぐ可能性がある。

　ABC療法は1時間のセッションを10回行う比較的短期間の介入法で、親子関係の改善に穏やかに焦点を当てることもあり、親が取り組みやすいようになっている（Dozier et al., 2014）。10回のABC療法のセッションは、親と子が一緒にいる家庭で行われ、ドージャーら（Dozier et al., 2014）はそれが介入の効果を得るために本質的なことであるとした。親自身にとって自然な環境でスキルを学ぶほうが、親がそのスキルを使うことも一般化することも容易だろうという理論である。ABC療法は、マルトリートメントを受けて育った幼い子どもたちのニーズや、アウトカムの結果を改善するプロセスについて実証されてきた知見に沿って実施される（Dozier et al., 2014）。

愛着・生体行動的回復療法の目標

　人生早期にマルトリートメントを受けて混乱型愛着が育つと、社会に適応する力の発達に深刻な危機を引き起こすが、その親子関係を改善すれば、トラウマにさらされた子どもたちを支援して前向きな方向へと向かわせることになるだろう。子どもたちの愛着の型は固定されているわけではなく、マルトリートメントを受けてきたあとでさえ、子どもたちは効果的な調整方略に結びつく安定型愛着を発達させ続けることができ

る（Dozier, Stoval, Albus, & Bates, 2001）。ABC療法は、子どもに不適切な養育をする危険性のある親の肯定的な行動を増やし、否定的な行動を減らすことによって親子関係を改善することに焦点を当てる（Bernard, Dozier, Bick, Lewis-Morrarty, Lindhiem, & Carlson, 2012; Dozier et al., 2014）。

目標1：愛情深い世話を育む

ABC療法の第一の目標は、わが子の苦しみにより敏感になれるように、親が愛情深く子どもを世話するよう後押しすることである。**愛情深い世話**は、バーナード、ミード、ドージャー（Bernard, Meade, & Dozier, 2013）によって、わが子の苦しみに対する親の反応の質と定義され、そこには子どもが安全を感じるように手助けする親の能力が含まれている。多くの研究では、子どもが悩んでいるときの親の感受性と、子どもが落ち着いていたり遊んでいたりするときの親の感受性とを区別していないが、子どもの苦しみに対する親の感受性（愛情深い世話など）は安定型愛着の発達に特に重要だろう（Bernard et al., 2013）。ドージャーら（Dozier et al., 2014）は、マルトリートメントを受けていない子どもたちは情の薄い世話をする養育者に対しても組織化された愛着を形成しうることを強調した。しかしながら、マルトリートメントを受けた子どもたちには、ネガティブな経験から回復するために愛情に満ちた世話が必要になるのである。

目標2：同調性を育てる

ABC療法の第二の目標は、同調性を育てることによって、親が、苦痛ではない状況（遊んでいるときなど）にあるわが子に、より敏感に反応できるようにすることである。バーナードら（Bernard et al., 2013）は、**同調性**を親が「子どもに従う」(p.6) 程度、また、そのときの子どもの指図的行動に随伴的に応答することによって子どもの自律性を支える程度である、と定義した。彼らは、同調的なやりとりを説明するには、「サー

ブとリターン」の比喩（National Scientific Council on the Developing Child, 2012）が役に立つと強調した（Bernard et al., 2013）。新しいおもちゃのほうへ動くといった子どもの活動は**サーブ**であり、その行為は、たとえばおもちゃの名前を言うといったタイミングのよい親の反応を引き出すが、それは**リターン**だとされる。探索や自律を発展させないような親の行動の結果としてよりはっきりしているのは認知的な障害かもしれないが、遊んでいるときの親の感受性の弱さは、激しい感情的苦痛や神経生物学的調整不全といった社会情動的・生理的側面とも関連することが見出されてきた（Bosquet Enlow, King, et al., 2014）。実際、バーナードら（Bernard et al., 2013）は、愛情深い世話は愛着の安定性を予測させる強固なものであるが、同調性は行動や心理的な調整に対してはさらに重要かもしれないことを示唆した。ABC療法では、子どもの指図的行動に対して親がただ「反応する」のではなく、「楽しさ」、また「真の、無条件で肯定的な情動と配慮」を示すように親を励ますのである。

目標3：怖がらせる行動や侵襲的行動を減らす

ABC療法の第三の目標は、子どもに不適切な養育をする親がよくしてしまいがちな、怖がらせる行動や侵襲的行動を減らすことである。子どもを怖がらせるような親の行動は混乱型愛着を引き起こすかもしれない。なぜなら、子どもが親を必要としながら同時に親を恐れるとき、ストレスに対処する子どもの方略は打ち壊されてしまうからである（Carlson, 1998）。ABC療法は、混乱型愛着を減らし、子どもの調整力を高めるために、親がわが子を怖がらせる行動や侵襲的行動に気づき、それを減らすことを学んでいけるよう手助けする。親の怖がらせる行動は、多くの場合、意図的なものではない。たとえば、不安定型愛着の表象をもつ親は、自分自身の養育者とのつらい経験を思い出したとき、突然予期せぬ恐怖を表すかもしれない（van IJzendoorn, Schuengel, & Bakermans-Kranenburg, 1999）。侵襲的行動、たとえば突然の過剰に興奮し

た行動などは、たとえよかれと思ってやっていても、幼い子どもを怖がらせることがあるのだと親が知ることが大切である。ABC療法は、親に愛情深い世話と同調性を教えることによって、怖がらせる行動や侵襲的行動に替わる別の方略を親が学べるように手助けするのである (Dozier et al., 2014)。

心理生物学的調整

ABC療法には、愛情深い世話や同調性を促し、怖がらせる行動や侵襲的行動を減らすのにともなって、マルトリートメントを受けた子どもたちが心理生物学的調整をとれるようになるという補助的な目標がある (Bernard, Dozier, et al., 2015)。親がより愛情深い世話をしてわが子に同調しながら関われるようになるにつれ、親は視床下部－下垂体－副腎系の調整を含めた調整力を子どもが高める環境をより整えてやることができる。第1章で触れたように、視床下部－下垂体－副腎系制御を改善することは、環境の中で起きた事象の負の結果や精神病理へのリスクに対する子どもたちの脆弱性を弱め、子どもがストレスに対して柔軟で効果的に対応し、ストレスから回復する手助けになるだろう。さらに、視床下部－下垂体－副腎系の機能は脳の発達とも関連している。心理生物学的調整力を改善させることによって、ABC療法はマルトリートメントを受けた子どもたちが心身の健康を損なうのを防ぐことになるだろう。

愛着・生体行動的回復療法の計画

ABC療法は、愛情深い世話、同調性、そして怖がらせる行動や侵襲的行動を対象としてあつかうマニュアル化された10回のセッションからなる。特定のセッションでは、親を困らせて追い払うような子どもの行動をうまく操縦する方法や、マルトリートメントや感受性のなさを助長するリスクを高める親の潜在的思考や感情にも取り組む (Dozier et al.,

2011)。

　ABC療法の目標は、マニュアルに沿った話し合い、構造化された練習課題、ビデオによるフィードバック、親のコーチ（parent coaches［訳注1］）による「その瞬間の」コメント、によって達成される（Dozier et al., 2014）。マニュアルに沿った話し合いでは、ABC療法の目標やその重要性についてエビデンスに基づいた説明がなされる（Roben et al., 2017）。瞬間的場面でのコメントは、ABC療法の最も重要な特徴といえ、親がわが子とやりとりする場面で1分に一度くらい行われる。ドージャーら（Dozier et al., 2014）は、「マニュアルの内容はたいてい『その瞬間の』コメントの二の次にくるものだ」(p.48)と述べた。なぜなら、そのコメントはそれぞれの家族が発展させてきた強みに合わせられているからである。

　その瞬間の助言は、介入する対象に関するフィードバックを親に絶え間なく提供する。このフィードバックの3つの要素は、(a)親の行動をはっきりと具体的に言葉で説明すること、(b)親の行動を介入の対象と結びつけること、(c)親の行動が子どもにいかに影響するかを明確にすること（例：なぜ行動が重要なのか：Roben et al., 2017; Meade, Dozier, & Bernard, 2014）、である。治療が始まるときに親が想像しているのとは違って、その瞬間のコメントはおおいに肯定的なものである（Meade et al., 2014）。これは特に初期のセッションの頃にそうであり、この時期は親の愛情深い世話も同調性も限られている可能性がある。肯定的なやりとりを支えるという目標に基づいて、親のコーチは、およそ全体的に否定的な行動の文脈の中で垣間見えた好意的な行動を利用する（Bernard et al., 2013; Meade et al., 2014）。ドージャーら（Dozier et al., 2014）は、親が少し同調的な行為を示したとき、以下のような例を適切なその瞬間のコメントとして示している。「彼はそのおもちゃをあなたに手渡しました。するとあなたはすぐ

［訳注1］親に対する助言者のこと。セラピストが務める。

にそれを彼から受け取りましたね……これはあなたがお子さんのリードについていっているという素晴らしい例になります……それで彼は自分が世界に影響をあたえられるのだということがわかったのですよ」(p.48)。バーナードら（Bernard et al., 2013）は、親のコーチが親の愛情深い世話に対してどう反応したらよいかを別の例を用いて説明している。「彼は泣き始めました。そしたら、あなたは腕を伸ばして抱っこしてあげました……これは愛情深い世話の素晴らしい例ですね……今のは、彼に、どうしていいかわからないときにはあなたを頼っていいのだと教えてあげたのですよ」(p.8)。面接が進むにつれて、親のスキルがさらに磨かれ、親とのラポールもしっかりと築かれてくると、親のコーチは、親の行動を支持し、足場作りをし、そして、挑戦的なコメントを織り込み始める（Meade et al., 2014）。親のコーチは子どものリードについていくように励まし、例を示し、また、親が愛情深く世話をしていないときにはそれを指摘することがあるかもしれない。たとえば、バーナードらが述べているように、親のコーチは、子どもの苦しみを無視している親に対して、「お子さん、だいぶつらい思いをしているようですね。こんなときこそ、お子さんがあなたから大丈夫だよと安心させてもらいたいときの一つかと思います」(p.8) と話して聞かせることがあるだろう。

愛着・生体行動的回復療法モデルへの忠実性

　親のコーチにとってその瞬間のコメントでは、マニュアル化されている内容と親子のやりとりの観察の両方に注意を向けることが要求されるため、かなり難しくなることがある（Meade et al., 2014）。このモデルへの忠実性を保証するため、親だけでなく親のコーチも自分自身の実際の行動を映像で振り返れるように、ABC療法の10回のセッションすべてがビデオ録画される。ミードら（Meade et al., 2014）が説明しているように、親のコーチは通常ビデオ録画を用いてスーパービジョンを受ける。

それに加え、自分のセッションから選んだ5分間の場面を質的にコーディングするためにも録画を用いる。コーディング中、親のコーチは、対象となる親の行動と、その行動に対する自分自身の反応をじっくり見きわめる。コーチは、コメントをする機会を逃していなかったかどうか、自分のコメントはきちんと「対象に対するもの」だったかどうか（例：親の行動にしっかりと合致していたか）、そして、自分のコメントが具体的すぎたり曖昧すぎたりしなかったかどうかを書きとめておく。こうした過程がこのモデルへの忠実性を保証する。19家族に対し176回のセッションを行った親のコーチの単一被験者法で、ミードらは、ビデオ録画のコーディングを用いたトレーニングはその瞬間のコメントの頻度と効果を増大させることを見出した。キャロンら（Caron et al., 2016）は、地域のサンプルにおいて、その瞬間のコメントの頻度が高く質がよいと、親がより細やかに気づくことができるようになり、親の侵襲的行動が大きく減少することを見出した。さらに、親のコーチがたくさんコメントをするほうが、家族が治療から脱落しにくくなるようであった。

愛着・生体行動的回復療法のアセスメント

セッション中の親の行動の質的コーディングは、ABC療法におけるクライエントアセスメントの中心である（Bernard et al., 2013）。前述のように、コーディングはセッションの録画場面のコーディングを含む。加えて、親のコーチはセッションのあとに毎回親の行動を標準化された5段階評価でコーディングし、さらにその親子の強みとニーズの評価を加え続ける（Dozier et al., 2014）。子どもに同調することに苦労する親もいれば、愛情深く世話をすることのあまりの大変さに直面する親もいるだろう。さらに、応答するときには愛情深い同調をするけれど、応答する回数そのものが少ない親もいるだろうし、また、愛情深い世話と同調の違いを理解していない親もいるかもしれない。親子の示すニーズに対して

ABC療法は柔軟であるため、コーディングをしながら見えてくる親の行動パターンは、その次に続くセッションを手直しするのにも用いられる（Bernard et al., 2013）。さらに、同調性に関する全体的な改善を評価するために、ABC療法では10週間のセッションの前後で標準化された遊びの評価を行う。

セッションごとの愛着・生体行動的回復療法

表3-1でABC療法のセッションの概略を紹介し、10回のセッション内容についてより詳しく述べる。

セッション1：愛情深い世話

セッション1では、コーチは介入の目標を紹介し、愛情深い世話の概念について説明する。子どもの幸福と健康にとって愛情深い世話が重要であることを強調し、子どもがコントロール感や安心感を作り上げるのに愛情深い世話がいかに役立っているかを伝える。コーチは、過去のマルトリートメント体験によって子どもは自分自身を落ち着かせることが難しく、それが親に無力感を抱かせる可能性を認識している。コーチは親に、ここ最近子どもがつらい思いをしていたときにどのように対応したか、親はどのように反応する傾向があるか、そして、親のどのような気持ちや過去の体験が愛情深い世話をするのを妨げているのかについて、振り返って考えてみるよう親を促すことで、親が愛情深い世話の意味を理解できるように手助けする。

セッション2：子どもの行動に手を焼くときの愛情深い世話

セッション1を基盤として、セッション2では、コーチは、子どもが手を焼かせるような行動をしているときでも、どのようにしたら愛情深い世話ができるか、にいっそう焦点を当てる。コーチは、子どもの根底

表3-1 ABC療法のセッションの概要

セッション	対象	テーマ
1	愛情深い世話	子どもがつらい思いをしているときの愛情深い世話の大切さの理解を深める
2		子どもをなだめることができない、親を押しやるように見えるときでも、愛情深く世話をする
3	同調性	遊んでいるときの同調性の大切さの理解を深める
4		子どもが自分でコントロールできる感覚を養うために、活動中は子どもが「主導権を握る」ことを許す
5	侵襲的行動	侵襲的行動を減らすために、関わりたいのか関わりたくないのか、の子どものサインを読み取る
6	怖がらせる行動	怖がらせる行動がおよぼす影響を理解し、その他の応答方法を見つける
7	愛情深い世話、同調性、侵襲的行動、怖がらせる行動	心の底にある考えや感情が子どもに対する応答にどのように影響するかを理解する
8		子どもへの自動的な反応を乗り越え、同調性と愛情深い世話を選び取る
9		子どもと関わっている間の触れあいの大切さを強調し、しっかりと身につける
10		子どもの情動を読み取ることの大切さを強調し、しっかりと身につける

セッション内容に関連するデータの提供元は Dozier, Bick, & Bernard (2011) と Dozier, Meade, & Bernard (2014) である。

にある愛情深い世話へのニーズを親が認識し、手を焼かせる行動が何を意味しているかをじっくり考えるように、親を促す。コーチは、親を手助けして、子どもが安全なやり方と安全でないやり方で振る舞うときに抱く自分の気持ちの違いに気づけるようにする。親は、わが子の行動が否定的で拒絶したくなるような感情を引き起こすときでも、愛情深い世話をしてやれる方法を学ぶ。

セッション3：同調性

セッション3では、親のコーチは同調性の概念を紹介する。コーチは親が子どものリードについていくことで子どもが得られる利益について説明し、どうすれば「世界に影響をあたえられる」という感覚を子どもの中に育むことができるかを伝える（Dozier et al., 2014, p.48）。親が子どもに探索をさせ、その都度うれしそうに応答してあげると、子どもは、世界とは制御可能なものであり、自分の行為は何かよい結果につながるのだと気がつく。録画映像のフィードバックは、親子のやりとりを振り返るため、親が同調性や喜びを表す機会についてコメントするため、そして、親の応答が子どものリードについていく性質のものか、それとも子どもをリードする性質のものかを指摘するために使用される。

セッション4：挑戦するような課題を前にしたときの同調性

セッション4で、親は、子どものリードに親が喜んでついていくことが、いかに子どもの自己肯定感を高めるかについて学ぶ。特に、コーチは、適切ではあるものの何か挑戦するような活動を行うとき、子どもに「主導権を握らせる」ことによって彼らの自律を促すことの大切さについて話し合う（Dozier et al., 2014, p.50）。コーチは親に、挑戦するような活動に子どもが自分一人で取り組むことを認めるよう働きかける。学んだことが定着するよう、親と共有した活動の録画映像を見て話し合う。

セッション5：侵襲的行動を減らす

セッション5では、いかに侵襲的行動がわが子を脅かし、圧倒するかについて学ぶ。侵襲的な親は、子どもが落ち着きたいとか離れたいとか思っていることをさりげなく示す合図を無視したり、気づかなかったりすることがある（Bakermans-Kranenburg et al., 2005）。そのためコーチは、子どもはやりとりする準備ができているのか、それとも怖がっているのか、というサインによく注意を向けることの大切さを強調する。コーチ

と親は、やりとりの映像を見て話し合うが、その際、コーチは、子どものサインについてコメントし、また親が子どものサインに気づいたときには親を褒めるようにする。

セッション6：怖がらせる行動を減らす

セッション6では、親は自分の行動がどのようにわが子を怖がらせてしまうかについて学ぶ（Dozier et al., 2014）。コーチと親は、恐怖よりむしろ安心をあたえる基盤となって、子どもを怖い状況から守ることの重要性について話し合う。効果的な介入方法の一つは、自分が子どもの頃に怖い思いをしたときのことや、自分がわが子を怖がらせてしまったかもしれないときのことについて、親に振り返って考えてもらうことである。親は過去のセッションの映像をしっかり見て、その観察を通して学び、応答するための他の方略を話し合う。

セッション7：「過去からの声」

セッション7は特に慎重にあつかうべきものである。というのは、親の根底にある考えや感情がどのようにわが子の行動上の問題に関係しているかについて考えることを、親に初めて求めるセッションだからである。ドージャーら（Dozier et al., 2011）は、親の考えや感情がいかに子どもに影響するのかについて話し合う際には、明確な用語を使うことが重要だと述べている。コーチは、親の過去の愛着体験に対する現在の表象を「過去からの声」と呼ぶ（Dozier et al., 2011）。コーチと親は、これまでのセッション映像の中から、親の考えや感情によって愛情深い世話や同調性をもって子どもに応答する親の能力が試されたような場面をもう一度観察して話し合う。

セッション8：自動的な反応を「乗り越える」

セッション8では、コーチは親と一緒に取り組んで、親の自動化され

た行動を少なくするために、親が過去からの声に気づけるよう働きかける（Dozier et al., 2014）。特に、コーチは親が子どもに否定的な反応を返してしまうのを「乗り越える」力をつけられるように手助けする（Dozier et al., 2014, p.51）。親は、自分自身の考えや感情が親に別のことをさせようとするときでさえ、どうすれば意識的に愛情深い世話と同調的な応答を選び取れるかを学んでいく。親がこの難しい課題を引き受ける際には、過去のセッションで愛情深い世話と同調性が子どもの幸福と健康をもたらすと学んだことを拠りどころにする。

セッション9：「触れあいの大切さ」

セッション9では、親子のやりとりにおける「触れあいの大切さ」について理解を深めるようにする（Dozier et al., 2011）。わが子に不適切な養育をしてしまうリスクのある親は、自分自身の被虐待体験から、触れあいに拒絶反応を示すかもしれない。同時に、適切な触れあいは安心感を高めるため、マルトリートメントを受けた子どもには特に重要である。第1章で述べたように、肯定的な母性は、神経生物学的調整を向上させることでストレスや否定的な情動から子どもを守る（Gee et al., 2014）。また、他の研究は、ストレスのかかる状況でも遊んでいる場面でも、母親の身体接触が乳児の生理機能に対して特別な利益をもたらすことを指摘している（Feldman, Singer, & Zagoory, 2010）。

セッション10：情動を読み取り、学んだことを確実なものにする

ABC療法の最終セッションで、親は、わが子の情動表現を読み取ることや、自分の気持ちを表現するのは心地よいことだとわが子が感じられるように手助けすることが重要だという知識をしっかり自分のものにする（Dozier et al., 2011）。本セッションは支持的なセッションであり、親が、わが子のニーズや、愛情深い世話と同調性の示し方に気づき、学び得たものをしっかり身につけられるような援助が工夫される。コーチ

は、子どもには肯定的な情動も否定的な情動もどちらも表現する自由があること、また、親は子どもが情動を組織化するのを手助けするのにきわめて重要な役割を担っていることを強調する。親とコーチは、親が愛情深く同調性をもって関わり、子どもが否定的な情動を示すときでさえ怖がらせる行動や侵襲的行動を減少させた親の成長がわかる録画映像を見ながら話し合う。

愛着・生体行動的回復療法のエビデンス

　無作為化比較試験による結果、ABC療法はマルトリートメントを受けた子どもたちのさまざまなアウトカムの改善に役立つことが示唆されてきた。これらの無作為化比較試験では、マルトリートメントを受けた子どもたちが、ABC療法群か対照群――子どもの運動・認知・言語の発達に関して親を教育する群――のどちらかに無作為に分けられた。これらの治療法が開始される前に、広範な領域にわたって親と子の機能が評価された。

　里子に出された子どもたちと、児童保護局から紹介された生みの親と暮らす子どもたちとで行った無作為化比較試験の結果は、ABC療法が親子関係を改善するという主たる目標を無事達成したことを示している。1ヵ月後の追跡調査では、ABC療法を受けた里子たちは、愛着行動を引き出すために考案された実験室でのやりとりの中で親を回避することが少なく（Dozier et al., 2009）、また、里親の母親たちはその後に大幅な感受性の改善を示した（Bick & Dozier, 2013）。同様に、ABC療法に割り当てられた児童保護局から紹介された子どもたちは、対照群として別の治療を受けた子どもたちよりも混乱型愛着を示す割合が低く、安定型愛着を示す割合が大幅に高かった（Bernard et al., 2012）。子どものサインに対する親の気づきや反応の変化が前向きな結果につながるという証拠を示しながら、バーナード、シモンズ、ドージャー（Bernard, Simons, &

Dozier, 2015)は児童保護局から紹介されABC療法を受けた母親たちは、対照群の母親とは異なり、介入から数年後に、子どものニュートラルな表現よりも情動表現（泣き、笑い）に対してより強い事象関連電位反応（脳波測定）を示したことを見出した。さらに、この脳の活動における違いは母親の感受性と強く関連していた。

　また、ABC療法を受けた子どもたちは、社会経済的・認知的な予後もよいという無作為化比較試験の結果も得られている。特に、これらの結果は、ABC療法を受けた子どもたちがストレスによりうまく対処できる（Lind, Bernard, Ross, & Dozier, 2014）ことや、より優れた実行機能を有する（Lewis-Morrarty, Dozier, Bernard, Terracciano, & Moore, 2012）ことを示唆している。リンドら（Lind et al., 2014）は、児童保護局から紹介された子どもたちが、しだいに難易度が上がっていく問題を解決しなくてはならないという難しい親子のやりとり課題に取り組む際に見せる情動表現を分析した。ABC療法を受けた子どもたちは、この課題に取り組んでいる間、怒りの表現の少なさ、親への直接的な怒りのレベルの低さ、全般的な怒りや悲しみのレベルの低さを含め、対照群の治療法を受けた子どもたちよりも否定的な感情が減少していた。重要なことに、研究によって、ABC療法を受けた子どもたちが長期的な実行機能を獲得することがわかってきた。10週間のセッションのおよそ3年後の就学前の追跡調査では、乳幼児期にABC療法を受けた里子たちは、定型発達の子どもたちと同じような認知的柔軟性や心の理論を示した（Lewis-Morrarty et al., 2012）。

　親子関係の改善の中で、ABC療法の補助的な目標は、マルトリートメントを受けた子どもの心理生物学的調整が向上することである。ABC療法を受けた子どもたちの視床下部－下垂体－副腎系機能に関連した無作為化比較試験の結果は、ABC療法の効果を示している。1ヵ月後の追跡調査で、ドージャーら（Dozier et al., 2006）は、ABC療法を受けた里子たちは定型発達の子どもたちに特有な日中のコルチゾール調整

パターンを示したが、一方で、対照群の子どもたちのそれは異常であった。今後に希望をもたらすこれらの結果は、児童保護局から紹介された子どもたちの1ヵ月後の追跡調査結果（Bernard, Dozier, Bick, & Gordon, 2015）でも、3年後でも見られた（Bernard, Hostinar, & Dozier, 2015）。バーナード、ホスティナー、ドージャー（Bernard, Hostinar, & Dozier, 2015）は、就学前の追跡調査で、ABC療法を受けた子どもたちは日中のコルチゾール調整に関して通常のパターンを維持し続けたことを見出した。第1章で述べたように、視床下部 – 下垂体 – 副腎系機能は、多くの心理的・身体的な健康の予後と関連する。したがって、コルチゾール生産の改善の持続は、ABC療法を受けた子どもたちの長期的な幸福や健康へとつながる見込みがある。

まとめ

　ABC療法は、人生早期の愛着と心理生物学的調整の研究に基づく、目標を定めた、短期介入療法である。ABC療法はマルトリートメントを受けた子どもたちに実践され、里親のもとで暮らす子どもたちや児童保護局から紹介された家族の子どもたちにも実施されている。ABC療法の無作為化比較試験は、虐待やネグレクトに対して著しく脆弱である乳児期とよちよち歩きの幼児期にマルトリートメントにさらされた子どもたちの予後の改善に効果があることを示唆してきた。特に、ABC療法を受けた脆弱な子どもたちはリスクの少ない同世代に「追いつき」、より定型的な認知的・情動的・心理生物学的な機能を示している。親の行動改善はABC療法の主たる目標であるが、それがこうした子どもたちのレジリエンスを支えるメカニズムであるようだ。重要なことに、ABC療法を受けた子どもたちには、即時的にも長期的にも得るものがあるのは明らかである。今後、ABC療法を受けた親に見られる常習的なマルトリートメントの出現率を研究することが必要である。

第**4**章

親子相互交流療法

　2〜7歳の混乱した行動を示す子どもたちに対する十分に確立された行動的介入として、親子相互交流療法（Parent-Child Interaction Therapy：PCIT）は、幼い子どもたちの最も激しい攻撃的・反抗的行動に対処する拠りどころになるエビデンスを長年にわたって蓄積してきた（Wagner, 2010）。シエラ・アイバーグ（Eyberg, 1988）によって開発された初期のモデルは、深刻な外在化また内在化された諸問題、重度の行為障害（例：動物虐待、放火、万引き、嘘をつく）、ADHD、離婚や養子縁組に付随して生じる関係性の問題、を呈する子どもたちに適している（McNeil & Hembree-Kigin, 2010）。PCITでは、子どもの行動を改善するために2つに分かれたアプローチを実践しやすいように、非指示的プレイセラピーの技法と行動マネジメント戦略を用いて、現実に即したコーチを親に実施する。

　混乱した行動を示す子どもたちのためにPCITが最初に考案されて以来、子どものマルトリートメント分野の臨床家や研究者たちは、不適切な養育をする親（例：Urquiza & McNeil, 1996）、マルトリートメントを受けて里親と暮らす子ども（例：McNeil, Herschell, Gurwitch, & Clemens-Mowrer, 2005）、さらにDVにさらされた養育者−子どもペア（例：Borrego, Gutow, Reicher, & Barker, 2008）に対してPCITを適用したり、そして／あるい

は、柔軟に改変して応用したりしてきた。こうした取り組みの発展、適用、そして結果を吟味する前に、PCIT の基盤となった根源的な理論と研究を振り返っておくことが大切である。この振り返りのあとで、初期のモデルの概要を述べ、さらにマルトリートメントやトラウマにさらされた親子に対する PCIT の実践における歴史的ならびに研究的発展について議論する。そして、マルトリートメントやトラウマにさらされた子どもたちに PCIT を実践する際によく行われる調整と配慮事項を検討する。

　パターソン（Patterson, 1982）の威圧理論によれば、子どもの不適応行動は、親子の間で不適切な行為が相互にエスカレートする循環の直接的な結果である。かいつまんで、親が子どもに何かを要求し、子どもはそれに対して望ましくない行動（めそめそ泣く、反抗する、攻撃する）で応じる、という場面を見てみよう。子どものこうした不適切な行為に対して、親は要求をひっこめるか（負の強化を通じて今後の不適切行為を増長させる潜在的可能性がある）、親自身の望ましくない行為をエスカレートさせてしまう。このエスカレートが子どもを従わせるのに効果的であれば、親の威圧的な行動は正の強化を受けることになる。親からの応答に一貫性がなければ、正と負の強化随伴性が断続的に続き、親と子の不適切な行動が持続されていくことになる。

　効果的な親の養育スタイルに関する、パターソン（Patterson, 1982）の社会的学習理論、ハンフ（Hanf, 1969）のオペラント条件付けによる親コーチングモデル、そして、バウムリンド（Baumrind, 1966, 1967）の研究知見に強く影響され、アイバーグは威圧的な循環を戦略的に転換する親プログラムを開発しようとした。使用した方法は、一貫した限界設定（威厳ある親の養育の仕方）を保ちながら、愛情深い世話、肯定的な関わり、そして温かさに合致するスキルを育てるための、親への指導的アプローチであった。親に非指示的に遊ぶスキルを教えることで、肯定的で温かみのある子ども－養育者関係を築く（再構築する）ことができた。ひとたび

親がそのスキルに熟達すると、子どもたちはその後の親からの要求や限界設定により敏感に応答すると考えられる。そのため、PCITの全体的な目標は、親のあまり効果的ではないしつけスタイル（権威主義的、受動的、自由放任）を、より肯定的で効果的な威厳をもった関わりに変換することによって、子どもの問題行動を減らすことなのである。

従来の親子相互交流療法のエビデンス

もともとそれをめざして考案されたように、PCITには多様な無作為化比較研究で子どもの行動問題を一貫して減少させることが見出されている（例：Bagner & Eyberg, 2007; Boggs et al., 2005; Nixon, Sweeney, Erickson, & Touyz, 2003; Schuhmann, Foote, Eyberg, Boggs, & Algina, 1998）。追跡研究では、治療後6年が経過しても行動の改善が持続しており（Hood & Eyberg, 2003）、その改善はクリニックの外、すなわち、家庭（Boggs, Eyberg, & Reynolds, 1990）や学校（McNeil, Eyberg, Hembree Eisenstadt, Newcomb, & Funderburk, 1991）へと般化されるようである。興味深いことに、治療による改善はさまざまな環境に対してだけでなく、治療を受けていない兄弟や姉妹に対しても般化されることがわかっている（Brestan, Eyberg, Boggs, & Algina, 1997）。先に述べた無作為化比較試験で見出された行動改善を比較したところ、PCITはスペイン語を母語とする家族（MaCabe, Yeh, Garland, Lau, & Chavez, 2005）、中国語を母語とする家族（Leung, Tsang, Heung, & Yiu, 2009）、またアフリカ系アメリカ人家族（Fernandez, Butler, & Eyberg, 2011）にも同様の効果が見られている。

PCITを応用したモデルでは、破壊的行動障害を示す子どもたちに加え、その他の集団でも有効なことが見出されてきた。チェイスとアイバーグ（Chase & Eyberg, 2008）は、PCITを取り入れたことによって、反抗的行為障害と分離不安障害を併発している子どもたちの行動症状と不安症状が軽減したことを見出した。待機リストの比較対象群と比べてみる

と、PCITは破壊的行動の軽減や、知的障害や自閉症スペクトラム障害の子どもをもつ親の子育ての改善にも効果があった（Bagner & Eyberg, 2007; Solomon, Ono, Timmer, & Goodlin-Jones, 2008）。

親子相互交流療法の流れ

クライエントに対するアセスメントの段階

養育者との初回面接から終結まで、PCITは組織的に構造化された過程を踏んでいく。主訴や治療に関わる養育者の数によって、アセスメント過程は1回～複数回のセッションで行われる。しかしながら、一人の養育者と行われる初回面接には、通常1～2回のセッションが割り当てられる。子どもも含めることでさまざまな情報を得ることはできるが、初回面接は養育者のみと行うことが強く勧められる。そうすることで、養育者は自分の悩みごとを余すところなく詳しく述べる自由を得るし、その悩みごとの中には子どもの前で話し合うのは不適切だったり、子どもへの負荷が大きすぎたりするものがあるかもしれないからである。またそれは、臨床家にとっては、不必要に邪魔をされずに可能な限りたくさんの情報を集めるのに一番適した機会ともなる。さらに、PCITに紹介されてくる子どもたちは、養育者や臨床家が圧倒されて手に負えないほどの激しい行動障害を呈する傾向にある。初回面接くらいの時期から、親は、臨床家は「専門家」なのだから子どもの行動をたやすくあつかえるし、だから「治療」は会ったその瞬間から始まるのだと期待することがある。こうした非現実的な期待は、治療過程の中で養育者から信用を得られなくする下地を作り、治療をいつの間にか台無しにしてしまう。最後に、トラウマや虐待にさらされた人々に働きかけるとき、養育者とだけ会うことで養育者は自分自身の悩みごとを話すことができ、それが秘密の保持と安全の感覚を強めていく。

養育者との初回面接には信頼関係を築く時間があり、その時間が過ぎ

ると、準構造化されたインテーク面接（約45分）と親が回答する質問紙がいくつか行われる。こうした質問紙には、アイバーグ子どもの行動評価尺度（Eyberg Child Behavior Inventory：ECBI）（Eyberg & Pincus, 1999; Eyberg & Ross, 1978）と、保育園や幼稚園に通っている子ども用として改訂版サッター－アイバーグ児童生徒の行動評価尺度（Sutter-Eyberg Student Behavior Inventory-Revised）（Eyberg & Pincus, 1999; Funderburk & Eyberg, 1989）がある。これらの準備段階での詳細な情報は、治療効果をアセスメントし、モニターするためにすべてのPCITケースに求められるが、治療機関や集団の違いにより、必要に応じて別の尺度やアセスメントを加えると一段とよい。それらには、子どものトラウマ歴、また発達、情動、適応、そして認知能力に対するより詳細なアセスメントなどがあるだろう。子育てのストレスや心の健康、トラウマ歴や、離婚した父母が共同して行う子育ての質などの領域で、養育者をアセスメントすることも必要不可欠だろう。

　こうした情報を養育者から得た後、アセスメントは親子関係のベースラインの評価へと移る。この観察の結果によって、治療の進み具合を測定する基準と同時に治療計画の土台ができてくる。関係性は、DPICS-Ⅳ（Dyadic Parent-Child Interaction Coding System-Ⅳ）（Eyberg, Chase, Fernandez, & Nelson, 2014）で評価する［訳注1］。DPICS-Ⅳでは、次の3つの場面——それぞれ一続きの5分間——を観察する。(a)子どもがリードする遊び場面、(b)親がリードする遊び場面、(c)片づけ場面、である。親子は、作業スペースエリア（年齢に見合った机と椅子が置いてある）があり、部屋の隅には小休止用の椅子、また作業スペースや部屋の床のあちこちには5つのおもちゃ（例：レゴ、人形、積木、パズル、動物）が配置され、さらに部屋の中心には片づけ用の容れ物が置かれた、居心地のよい部屋で過ごす。子どもリード遊び場面での親は、遊んでいる間、子どものリードに

［訳注1］DPICSは、PCIT治療者が実施する観察による行動評定であり、養育者と子どもの双方を観察し、親子の相互関係の質を評定する。

素直に従い、子どもがしたいように遊ばせることを指示される。逆に、親リード遊び場面では、親は同じものを使って遊びを続けるよう指示される。この親リード条件では、子どもには親のルールに従うことが期待され、親には子どもをルールに従わせる要求を自分のスタイルで行うことが期待される。最後に、片づけの場面では、親は子どもに片づけを命じるよう指示されるが、そこでは子どもがすべてのおもちゃを自分で片づけることが期待される。3場面すべてで、臨床家はDPICS-Ⅳのコーディングシステムを用いて子どもと親の行動を測定しながら、その過程を観察する（通常はワンウェイミラー越しに実施）。親の行動と反応は以下9つの行動カテゴリーに分類される。①特定の事柄に対する具体的な賞賛、②子どもの話の繰り返し、③子どもの行動を言葉で説明すること、④「ニュートラルな発話」（子どもの行為を評価したり説明したりしない親の言葉）、⑤具体的ではない賞賛、⑥直接的・明確な命令、⑦間接的・明確でない命令、⑧質問、⑨「否定的な発話」（例：批判、皮肉）。同じく、子どもの行動は親の命令に対して従順に従うか従わないかでコーディングされる。

　初回の情報や観察した結果を集めて分析されると、養育者には、子どもに対する臨床家の印象がフィードバックされ、PCITについての説明やオリエンテーションが行われる。このフィードバック面接では、この治療が親と一緒に取り組み、親子二人三脚のものであることをさらに説明し、その合理性を伝え、参加することや宿題をすることに関する契約をして、面接の予定を立てていく。最後のフィードバック面接が終わる前に、親には最初の「宿題」が出される。親は子どもの行動を毎日よく観察し、毎日5分だけ1対1で過ごす時間を見つけるように指示される。その後の治療期間中に、子どもの行動改善と親の治療への参加を着実に記録し、養育者とその都度出てくる心配ごとを解決するために、この資料——新しく完成されたECBIに沿っている——を毎回の面接の最初に親と一緒に振り返る。

その他の乳幼児期の治療と同じで、PCITは親子がペアで参加するモデルである。一人の親と一人の子どもの組み合わせは、治療に固有の一単位と見なされる。そのため、複数の養育者がPCITに参加するときには、各養育者と子どもの組み合わせごとに、それぞれアセスメント過程を実施する。治療では両親がともにセッションに同席することもあるが、子ども指向相互交流と親指向相互交流の実際の作業では、一度に親一人と子ども一人だけに焦点を当てる。複数の養育者が治療に関わる方法はいろいろある。たとえば、両親のそろっている家族では、両親とも90分の治療面接に参加するが、実際の親と子のやりとりは母親と父親との間で分割されることがあるだろう（例：最初の45分間は母親と子どもが遊び、後半45分間に父親と子どもが遊ぶ）。同様に、異なる養育者たちは週替わりで交代して治療に参加することもあるし、また、もし家族がよければ、週に何度か面接を予定することがあるかもしれない。

治療の段階
　PCITの治療段階を表4-1に示した。治療の段階は2つのつながったステージから成る。子ども指向相互交流（child-directed interaction：CDI）が前半の段階で、親指向相互交流（parent-direct interaction：PDI）がそれに続く。**子ども指向相互交流（CDI）**では、親は非指示的プレイセラピーのスキルを教わる。それは、PRIDEスキルと呼ばれるスキル、すなわち、具体的な賞賛（praise）、繰り返し（reflection）、真似（imitation）、行動の説明（description）、楽しい活気（enthusiasm）に分けられる。つまり、養育者は、望ましい行為を特定せず曖昧にしたまま褒めるのではなく具体的に褒めること、子どもの発話をもう一度繰り返して言ったり言い換えたりすること、遊びの中で表現される子どもの行動を手本にして真似ること、子どもの行動を普通の言葉で説明してあげること、子どもとの遊びの中でのやりとりに楽しい感覚や元気な感覚をもたらすこと、を教わるのである。CDIは、実際に子どもとの面接でスキルを使う前に、親

表4-1 PCITの概観（段階別）

段 階	セッション内容
自己動機づけの強化 （6セッション）	参加者の表明、子どもの行動を変化させる身体的しつけの是非のバランスをとる練習、親の子育て行動の発達と関係性の目標、現実と目標の不一致についての話し合い、変化することへの励まし
アセスメント （1〜2セッション）	準構造化面接を含む治療前のアセスメント：ECBI、DPICS-IV、幅広く使用されている評価尺度（例：BASC-2/CBCL*）、および現在の症状に特化したアセスメント（例：**トラウマスクリーニング、親の機能**）
CDIオリエンテーション	フィードバックならびにCDIスキルについて親のみの指導（60〜90分）、**ポストトラウマティックプレイ（post-traumatic play［訳注2］）と情動的調和についてのオリエンテーション**
CDIコーチング （4〜6セッション）	成長と親の心配ごとの振り返り（5〜10分）、CDIスキルのライブコーチング（30〜40分）を受ける前の親子交流の観察（5分）、**トラウマと発達の視点を取り入れて、子どものよくない行動（該当する場合）とポストトラウマティックプレイの見直し**
PDIオリエンテーション	PDIスキルについて親のみの指導（60〜90分） **親の情動のモニタリングと情動調整方略についてのオリエンテーション**
PDIコーチング （4〜6セッション）	成長と親の心配ごとの振り返り（5〜10分）、PDIスキルのライブコーチング（30〜40分）を受ける前の親子交流の観察（5分）
終結 （1〜2セッション）	治療後のアセスメント（例：初回面接時の心理測定の再試行とDPICS-IV）、**卒業に向けての家族とのセッション**
フォローアップ	必要に応じた補助セッション

*Behavior Assessment System for Chidren, Second Edition/Achenbach Child Behavior Checklist.
太字は、マルトリートメントを受けた子どもと虐待をする親にPCITを適用する際、従来のプロトコルから修正する項目である。
データの提供元はChaffin et al. (2009) とMcNeil & Hembree-Kigin (2010) とUC Davis Children's Hospital (2016) である。

にそのスキルを説明し、やって見せ、練習するための親のみの面接場面から始まる。さらに、親は悪さをする子どもと遊ぶことに懐疑的である

［訳注2］トラウマ体験を表現する遊びのこと。

ため、それぞれのスキルの理論的・実証的合理性を説明し、親が疑問に思うことや心配なことを話せる機会をもつ。一方、親は避ける（DON'T）行為についても注意するよう言われる。避ける行為は、セラピストが親にCDIの間は最小限にするよう促す行為である。避ける行為には、質問、批判や皮肉、命令が含まれている。同様に、CDIセッション中に生じる危険ではないが望ましくない行動への反応として「選択的無視」のスキルをおさらいし、養育者にその手本を見せる。

親がPRIDEスキルとDON'Tスキル、選択的無視スキルを知的に習得したのがわかってから、ライブコーチングセッションが始まる。通常、ライブセッションでは親と宿題をおさらいしながら親の状態を簡単にチェックし、心配ごとを手短に話し合い、そして現在練習すべきスキルを説明し、その手本をやって見せる。セラピストはそれから部屋を出て、マジックミラー越し、もしくはビデオカメラで撮影している親子のテレビ映像を観察しながら、インカム（トランシーバー）を使ってコーチングをする（親を指導する）。最初のうちは、臨床家は一度に1つか2つのPRIDEスキルの習得にのみ焦点を当てる。養育者のさらなるスキル獲得をめざして、子どもと毎日CDIを練習し、「特別な遊びの時間」を書き記し、毎回のセッションの初めにセラピストと練習しながら遊びの経験をより自分のものにするように養育者を促していく。親がより熟練してきたら、この段階を「卒業」して親指向相互交流の段階へと進む前に、すべてのPRIDEスキルが習得されているはずである。習得の基準はCDIを始める前に親に明確に説明され、そして、毎回のCDIセッションの最初と最後に養育者への治療効果を定期的に振り返る。

CDIのときのように、最初の**親指向相互交流**（PDI）セッションは養育者だけを相手にして行われる。PDIでは、親は、（子どもの）不適切な行動の爆発の頻度と強度を減らしながら、親の命令に子どもがより従うようになるための行動戦略を教わる。PDIスキルには、発達的にふさわしく、簡潔で、具体的な命令が含まれている。それらには、強化と罰を

区別すること(例:指示に従ったときに褒める、気を引くためのよくない行動を無視する、そして、従わなかったときにはこうするよとあらかじめ決めておいたことを実行する)、穏やかにタイムアウトを行うこと、そして、家庭で決められたルールや期待されることを育成することがある。養育者とスキルを振り返り手本を見せたら、CDIと同じ進め方でライブコーチングセッションを開始する(セラピストが実演して手本を見せることから、部屋の外からトランシーバーでコーチングすることに次第に移行していく)。この時点から先のPCITセッションでは、CDIエピソードとそれに続く簡潔なPDIの練習が組み合わされる。PCITの終結は、子どもたちの主訴であった行動の症状の減少が測定によって確認され、また、親がCDIとPDIのスキルを十分に獲得し、使えるようになった時点で検討される。PCITのアセスメントおよび治療段階のより詳細な記述については、マックネイルとヘンブリー-キジン(McNeil & Hembree-Kigin, 2010)を参照されたい。

トラウマにさらされた子どもたちへの応用と実証的支持の発展

本書に記載されている他の心理療法モデル(乳幼児-親心理療法および愛着・生体行動的回復療法)とは違って、PCITは当初トラウマやマルトリートメントに焦点を当てていたわけでも、特にトラウマ症状を対象としていたわけでもなかった。しかし、トラウマを受けた子どもたちに行動問題が頻繁に見られること、また、虐待のサイクルを生み出し、維持する中にある親子のやりとりの相補的な性質を考慮して、臨床家や研究者たちは当初予定していたものとは別のストレスやトラウマを受ける状況にある子どもやその家族を支援するためにPCITの実験や応用を始めたのである(Ware & Herschell, 2010)。対象とした3つの領域は、身体的虐待をする養育者、DVにさらされた親子、里子の養育者、である。

身体的虐待を受けた子どもへの親子相互交流療法

　先に述べたように、PCITの原点は、パターソン（Patterson, 1982）の威圧的関係モデルに深く根ざしている。ウルキサとマックネイル（Urquiza & McNeil, 1996）は、子どもの身体的虐待を持続させる要因を説明するために、論理的にそのモデルを発展させた。彼らは、威圧的サイクルが子どもの破壊的な行動問題を引き起こし維持するだけでなく、リスク要因（例：過去のトラウマ、物質乱用、過酷な環境）と相まって親の身体的加虐行為を引き起こすことにもつながるのだと結論づけた。同時期の研究者や臨床家たちはこれらの早期の観察や仮定を裏づけた。親の身体的加虐行為に関係すると思われる基底的要因には、肯定的もしくは中立的なやりとりをしている場面で子どもと関わらなくなることに加え、子どもとの否定的なやりとりの増加がある（Cicchetti & Valentino, 2006; Wilson, Rack, Shi, & Norris, 2008）。これら早期の仮定に基づいて、ウルキサと臨床家たちは、PCITの文脈の中で親子関係を改善させるのと同じ要因が、マルトリートメントの親子関係の中で起こる子どもへの常習的な身体的虐待を減らすことにつながるのではないかと提案した（Chaffin et al., 2004; Hakman, Chaffin, Funderburk, & Silovsky, 2009）。

　子どもの行動問題を強調する当初のPCITの活用とは異なり、身体的虐待をする親へのPCITは、子どもの行動変容より「手荒さ、暴力、ネグレクトのような子育て実践を減らす」ことに重きを置く（Chaffin et al., 2004）。PCITはこうした親子の関係パターンを短期間で覆すことができ、治療段階を通して新たに獲得したパターンを維持することができることを示してきた（Hakman et al., 2009）。無作為化臨床比較試験において、これらの仮定された調整因子の変化は、PCITに参加した親の虐待の頻度の減少と関連していた（Chaffin et al., 2004, 2009; Chaffin, Funderburk, Bard, Valle, & Gurwitch, 2011; Lanier, Kohl, Benz, Swinger, & Drake, 2014; Thomas & Zimmer-Gembeck, 2011; Timmer, Urquiza, Zebell, & McGrath, 2005）。PCITでの治療は、治療に参加した親が加害するほうの親か加害しないほうの親かに

かかわらず、破壊的な行動問題を起こしていたマルトリートメントを受けた子どもたちの望ましくない行動を同じように減少させた（Timmer et al., 2005）。さらに、従来のPCITの症例で破壊的行動の減少が見られたように、マルトリートメントを受けた経験をもつ行動化のある子どもたちでも、虐待を受けていない比較対照群と同じように行動や症状が減少した（Timmer et al., 2005）。

　こうした早期の知見は励みになるものだが、中には身体的虐待の常習性がひどく悪化する場合もあることが実験的な場面で証明された（例：Chaffin et al., 2004）。また、治療効果が大幅に減少し、治療からの離脱が多く、地域医療のクリニックなど通常の治療環境下ではPCITを適用しにくくなっていることも指摘されている（Chaffin et al., 2011; Lanier et al., 2014）。治療効果や治療の持続性を弱める要因はいくつか見出されてきた。ラニアーら（Lanier et al., 2014）は、子どもの頃に虐待を受けた親や、わが子に虐待した経験のある親は、PCITに参加したにもかかわらず、そういった過去をもたない親と比べて子どもを再び虐待してしまう可能性が20倍高かったことを見出した。日常的にわが子に会えない環境にある親は、子どもと一緒に家庭で暮らしている比較対照群よりも芳しくない結果であり（Chaffin et al., 2011）、保護命令や監視下での訪問の義務のある家族に対するPCIT活用には限界があることが浮き彫りになった。インテーク面接で最も深刻な子どもの行動問題を報告した家族たちは、早い段階で離脱する傾向が一番強かった（Timmer et al., 2005）。ウルキサとマックネイル（Urquiza & McNeil, 1996）は、マルトリートメントのある親子にPCITを適用する際の最初の呼びかけで、関わりや養育者の動機を強めることや、実際の環境の中でPCITを実践することがPCITの効果を有効に維持するために必要な要因だろうと示唆した。

　児童福祉システムの中で家族にPCITを適用する際の潜在的な限界と効果の後退という問題に応えて、シャフィンら（Chaffin et al., 2004, 2009, 2011）は、ミラーとロルニック（Miller & Rollnick, 1991）の動機づけ面接法

に基づいた補助的な6セッションから成る自己動機づけの強化モジュール（self-motivational enhancement module：SM）を追加した。他のモデルでは児童福祉を必要とする家族の効果保持率が平均61％であったのに対し（SM要素のないまま実施したPCITを含む；Chaffin et al., 2009）、PCITにSMを追加したこの応用モデルの場合には、その保持率が85％にまで上がることが見出された。特に心強かったのは、インテーク面接で最も動機の弱かった家族の治療の継続には、SMとPCITの組み合わせが最も効果的だったという知見である。さらに、SMとPCITを組み合わせて実際の生活環境の中（すなわち、子どもの福祉機関から多くの紹介を受ける地域のクリニック）で適用すると、日常的に生じる虐待が29％まで減ったのに対して、日常的な治療（SMがある場合もない場合もある）やSMを組み合わせず従来通りに適用したPCITの治療では47％にとどまった（Chaffin et al., 2011）。

　実践された治療の量や親のCDIスキルの獲得に関して、トーマスとツィンマー－ゲンベック（Thomas & Zimmer-Gembeck, 2012）は興味深いことを見出した。標準的な12セッションのPCIT手続き（4～6回のCDIセッションと、それに続く4～6回のPDIセッション）を使って、親のCDIスキルの獲得にかかわらず次の段階に進んでも、必要なだけ治療を継続するやり方（すなわち、PDIに進む前に親のCDIスキル獲得を待ち、そしてPDIスキルも子どもの行動も望ましい段階に達するまで終結を延期するやり方）と比べて、行動改善、親のストレス軽減、および虐待可能性の結果が等しいことが見出されたのである。総合的に見ると、これらの知見は、終了の時期が明確なのと比較的早くPDIセッションに進むのとを合わせて動機を強めることは、治療への関わりや責任性を高め、マルトリートメントの経験のある親子の将来的な虐待を減少させるという結論へ辿り着く。

DVにさらされた子どもへの親子相互交流療法

　ウルキサとマックネイル（Urquiza & McNeil, 1996）はPCITをマルトリ

ートメントのある親子に応用しようとしたが、ボレゴら（Borrego et al., 2008）はPCITがDVにさらされた子どもたちに対して潜在的に有効なのではないかと注目した。ボレゴらは、DVにさらされた子どもたちは深刻な行動問題を呈することが多く、当然のことだが、被害を受けてきたほうの親は尋常ではないストレス下に置かれると指摘した。この２つの要素の組み合わせが、DVにさらされた親子の深刻な消極性や不適応な相互交流へとつながっていく。DVにさらされた親子にPCITを適用する予備的な試みは、将来的な展望へとつながるものであった。DVにさらされた62組の親子による研究で、子どもたちの行動問題は大幅に減少し、また、その親子たちはDVの経験がなく地域から紹介されてきた親子たちと同程度に治療に参加し続けた。しかしながら、PCITは親の子育てストレスや親子関係の問題の減少には関連したが、養育者たちが抱く苦しみ（例：社会的、経済的、情動的問題）の全体的なレベルには何も変化が見られなかった。ラニアーら（Lanier et al., 2014）の見出した、過去にトラウマを受けた養育者に関する知見のように、PCITは親子の関係性には肯定的な影響をもたらすようだ。しかし、養育者たちは自分自身のトラウマ後の経験やその他のストレス要因に悩まされ続けたのだった。

里親養育下にある子どもへの親子相互交流療法

　里親制度のもとにある子どもたちは多くのストレス体験にさらされ、いくつもの喪失と関係性の破綻を経験してきている。そのため、短期間の、そして／あるいは、一時的な養育者とPCITに取り組む場合に、PCITのしっかりした効果がどの程度維持されるのかを知ることは重要である。マックネイルら（McNeil et al., 2005）は、破壊的な行動を示す子どもを養育する里親のストレスは、バーンアウト、養子縁組の失敗（failed placement［訳注３］）、また否定的な養育者－子ども関係を引き起こすことがあるだろうと主張した。こうした懸念が、きわめて難しい

(例：暴力的、性的) 行動を頻繁に示し、住むところのない被虐待児たちを温かく世話しようとがんばっている里親たちの支援のために、簡潔な研修モデルを開発するグループを生み出した。マックネイルらは養育者に、CDI スキルと PDI スキルの育成に重点を置いた 2 日間のワークショップを計画し実行した。このモデルでは実際のコーチングは行われなかったが、参加者の報告からは満足度の高さが、また 5 ヵ月後の追跡調査では子どもの問題行動が臨床的基準値を下回るまでに減少したことが示された。より従来型の PCIT でも、里親に対して生物学的親と同じくらいの効果が見られたし、里親と生物学的な親のどちらも、子どもが虐待されていた過去をもつ場合には、より PCIT を最後までやり遂げるようだった (Timmer, Urquiza, & Zebell, 2006)。トーマスとツィンマー–ゲンベック (Thomas & Zimmer-Gembeck, 2012) の身体的虐待の症例に関する知見のように、簡単な手続きで行うのでも、里親用に手続きを発展させて行うのと同じくらい効果があるようだ (Chaffin et al., 2004)。里親の幸福や健康と効力感に関して、PCIT は里親の子育てストレスを減らすだけでなく、観察された里親の行動も改善したのである (Mersky, Topitzes, Janczewski, & McNeil, 2015)。

トラウマにさらされた子どもに親子相互交流療法を用いる際の適用と懸念

　従来の PCIT モデルは、広範囲にわたる破壊的行動やこじれた親子関係を改善するための強靭で有効なモデルとして他に類を見ないものだが、PCIT を誰にでも使えるアプローチとしてトラウマにさらされた子どもにそのまま適用するのは禁忌である。親との最初の出会いから終結の面接まで、PCIT の原理を虐待やトラウマにさらされた子どもたちやその家族に適応するためには、いくつか重要な配慮事項と修正が必要である。次にある提言は、トラウマにさらされた子どもに対する現在の

[訳注 3] failed adoption placement とも表現される。

PCITの手続きから直接示唆されたものか、もしくは文献から推測されたものである (Chaffin et al., 2004; UC Davis Children's Hospital, 2016; Urquiza & Timmer, 2014; Ware & Herschell, 2010)。

親子相互交流療法のアセスメント

　養育者の過去のトラウマ体験が、虐待の繰り返しや定着という予後に大きく影響することを考えると、臨床家はできるだけ養育者の過去のトラウマと現在の心的外傷後の症状の両者をアセスメントするとよい。同じように、子どもがトラウマ体験にさらされたエピソード、引き金となる状況、そしてトラウマ症状についての知識は、臨床家が治療計画を立てたり、必要であれば適切な機関に紹介したりする方向性をいっそう明確にする。養育者は、PCITのあとに親子関係が改善され子育てのストレスが減ったと報告するが、現存の文献では、トラウマにさらされてきた養育者の相対的な苦悩は変化しないまま存続することが指摘されている。PCITで適切に支援できない問題をあつかうためには、苦悩している養育者を外部機関に紹介するのがよいだろう。

　初回のインテーク面接の間に、臨床家にとって重要なことは、セッションとセッションの間に子どもと会うのに何か制約があるかどうかだけでなく、その子に対して家族にはどのような計画があるかについても尋ねておくことである。先に述べたように、子どもと日常的に会える親は、わが子が自宅外の場所で暮らしている養育者と比べて、治療により長く関わり、また治療中により多くの改善が見られる。子どもの破壊的な行動は養育者にとって大きな負担となる。そのため、養育者の情動の対処方法をよりよく理解するために、子どもの不適切な行動に対して養育者が現時点で表現する情動反応を評価することもまた有益だろう。マルトリートメント用のPCITが共有する構成要素は、養育者の情動調整能力を発達させ高めていくことであり、それはたいてい、養育者が子ど

もの問題行動を選択的に無視し、穏やかにしつけをする手助けになる。情動的な安全だけでなく、臨床家は現在の家庭での安全性の程度をアセスメントしておくことが欠かせない。もしも面接の間に親子が危険な環境にさらされ続けるなら、養育者や子どもに十分な改善を見込むことは非現実的である。身体的な危険がなくても、生活の場の安定は安全面での懸念事項である。里親とともに取り組むときは、どの程度現在の生活が安定しているかということ、実親ともう一度暮らすための現在の計画、また生活の場あるいは養子縁組の永続性についても知っておくとよいだろう。

親子相互交流療法における子ども指向相互交流

　CDIの核となる特徴は遊びである。標準的なPCITでは攻撃的で怖がらせるような遊びは積極的にやめさせるし、無視するが、トラウマを受けた子どもたちと取り組むときはこうした遊びがさまざまな形態で現れやすく、質的に異なる反応が求められる。カリフォルニア大学デーヴィス校のトラウマチームによれば（UC Davis Children's Hospital, 2016）、ポストトラウマティックプレイは予測されなければならず、また、親に心理教育を行って、そうした遊びに対する親の心の準備をしっかりしておかなくてはならない。そうした子どもたちの遊びを観察することは非常に強い負担になるため、臨床家は、養育者をなだめ、落ち着かせる用意をしておくべきである（例：呼吸法を行う、10まで数える）。養育者の心が落ち着けば、臨床家は、子どものリードに従いながら彼らの遊びを安全な方向に向かわせるための段階を、養育者に一通り踏んでもらうことができるようになる。
　虐待していたことのある親には、わが子を具体的に褒め、わが子の肯定的な行動に気づくために追加の練習が必要かもしれない。ウルキサとティマー（Urquiza & Timmer, 2014）は、親のわが子に対する否定的な認識

や、わが子の行動に対する否定的な解釈は凝り固まっている場合があり、セラピストは、親が発達的に適切な子どもの行動に対して強烈な、または否定的な反応をしているのを目にしたときには、その瞬間に、構造化されていない発達ガイダンスを提供しなくてはならないこともあると述べている。そうしたリフレーミング（reframing［訳注4］）は、子どもの不適切な行動に対する親の歪んだ注意や子どもの発達的に適切な行動に対する親の否定的反応を有効に転換させるために、適切な時期に頻繁に行わなければならないだろう。

親子相互交流療法における親指向相互交流

　虐待やマルトリートメントを受けた子どもとともに取り組むときには、PDIの手続きにいくらか修正が必要である。より古くからある従来のPCIT手続きでは、子どもがタイムアウトを拒絶したときに軽く体罰を加えたり子どもの体を抑えたりするのを認めているが、マルトリートメントを受けた子どもに対するPDIでは「手を出さない」アプローチが標準的だと考えられ、より強制的に働きかけるアプローチと同じ効果があることがわかっている（Chaffin et al., 2004, 2011; Urquiza & Timmer, 2014）。従来のPDIのしつけ方法としてよくあるのは、すべてのおもちゃの除去、タイムアウトルーム（time-out rooms［訳注5］）、レスポンスコスト法（response cost strategies［訳注6］）などである。

　事前の準備や、子どもに親の命令の理由を説明しておくことは、従来のPCIT手続きではあまり強調されない。しかし、マルトリートメントを受けた子どもの示す感情の不安定さや調整のできなさ具合を考えると、養育者は、しつけ方法を実践する前に、できる限り予測可能にし、

［訳注4］物事を見る枠組みを変え、別の枠組みで見ること。
［訳注5］望ましくない行動を発生させる刺激が置かれていない部屋。
［訳注6］望ましくない行動を減らすために報酬を減らしていく方法。

枠組みをもたせ、説明してやるよう促される。同様に、理解や予測可能性を高めるために、しつけの手順や罰を発展させ練習する過程で、子どもたちは共同セラピストとしてあつかわれることが多い。たとえば、子どもたちは人形やぬいぐるみを使ってタイムアウトの使い方を指導され、それからそのプロセスを養育者と一緒にロールプレイするよう促されることがあるだろう。それによって、よくない行動を引き起こす反応随伴性［訳注7］について明確なイメージが描けるようになるし、わが子と直接否定的なやりとりをすることなく親がタイムアウトを練習する機会がより多くなる。

親子相互交流療法における終結

　最後に、家族が治療の終結に向けて取り組み始めるようになると、終結が以前の喪失やトラウマを思い出させることになり、子どもも親も不安になったり何かが引き起こされたりするかもしれない。反対に、治療を義務づけられて参加した親は、必要条件を満たしたかどうかが曖昧なまま、終わりが決められていない治療について不安を感じるかもしれない。トーマスとツィンマー－ゲンベックの研究 (Thomas & Zimmer-Gembeck, 2012) で述べられているように、児童福祉の支援を受けている親は、より短時間で、CDI から PDI への速やかな移行がしっかり確立された PCIT 手続きのほうが治療からの離脱が少ない。トーマスとツィンマー－ゲンベックは、治療を義務づけられてきた親は、治療が開始期、中間期、終結期に区切られると、その治療を完遂しやすくなるだろうという仮説を立てた。さらに、難しい子どもをもつ親は、たいていの場合、しつけの方法をあとで学ぶよりも先に学びたがるものであり、しつけ法を学べるまでは CDI の習得に必要な条件を満たすのに悪戦苦闘

［訳注7］自発的に発生した反応の頻度の変化とその反応が自発された直後の環境の変化との関係。

する。子どもたちがそうであるように、親たちにも、期間が短く、また明確にスケジュールが組まれた治療計画を備えるように改善された枠組みや予測可能性が有効になるのだろう。

アセスメントの段階で、トラウマに関して十分に調査し、また、背後に隠された過去の養育体験に関わる情報を集めながら、臨床家は、家族が終結に向けたアプローチの中で見せる可能性がある反応に注意を払い、それに対する準備をしておくべきである。喪失、死別、放棄、その他の重要な関係性の破壊といった壮絶な過去をもつ子どもや親との終結には特別な配慮が必要である。虐待されていた、そして／あるいは、里親養育のもとにある子どもたちは、いくつもつらい移行に耐えてきていることもあり、セラピストや他の大人のように、達成した、成し遂げたと捉えて「卒業」するのだ、とは感じられないかもしれない。そのためセラピストは、治療の終結についてその家族とオープンに話し合う方法をよく考えることが重要であるが、しかし、その方法はあくまでPCITでは一貫したものになる。残りの治療セッションの予定を視覚化する、以前の治療セッションの資料のコピーを親に渡す、そして、終結のセッションで共有し振り返ることができるように、治療の中で作り上げた作品の手本／例（特に美術作品やCDIの間に撮影した写真など）を保存しておくことなどが挙げられる。

まとめ

将来的な虐待の予防や、トラウマにさらされた子どもたちが外在化させる困難さを減少させるためのPCITの効果の予備的なエビデンスは励みにはなるが、臨床家や研究者たちはそれでもなお、限界を認知し、慎重になる必要がある。子どものマルトリートメントの加害者への働きかけとして、PCITはその後の子どもの身体的虐待を予防すると期待される有望な治療として現れてきている。しかしながら、本治療法はそれで

も、性的虐待をする親には断固として禁忌とされ（California Evidence-Based Clearinghouse for Child Welfare, 2016; Chadwick Center on Children and Families, 2004; Lanier et al., 2014; Ware & Herschell, 2010）、ネグレクトをする親に対する効果には限界がある（Chaffin et al., 2004）。マルトリートメントの症例の75％以上にネグレクトが見られるという割合を考えると（Child Welfare Information Gateway, 2015）、PCITをネグレクトの問題にもさらに適切に対処でき、ネグレクトを減少させるようなものに修正していくことは将来的な研究として価値がある。

　PTSDと診断された子どもに対しては、PCITは回避、過覚醒、心的外傷後の再体験といったトラウマ症状を対象としているわけではないことを断っておく必要がある（Borrego et al., 2008）。しかし、マルトリートメントを受けた子どもたちが示す多くの行動問題は、事実、心的外傷後のストレスなのであり、PCITは安全を再構築し、愛着関係を改善し、心的外傷後の引き金となるものに対処する新たな環境を作り出すことによって、間接的にトラウマを治療するのだということができる（Urquiza & Timmer, 2014）。とはいえ、現在まで、PCITの実践によってPTSDの症状が軽減するということを支持する研究は一つも発表されていない。

　こうした限界や注意事項があるにもかかわらず、PCITは臨床家がマルトリートメントにさらされた幼い子どもたちに対して実践するのに効果的な治療法として示されてきた。マルトリートメントの分野におけるPCITの最も強力なエビデンスは、将来的な身体的虐待を予防するということにある。PCITの効果は、やる気を起こすような自己強化戦略と、治療の結果や治療の継続に対する養育者のトラウマの副次的な影響に注目することによって、さらに強められる。標準的なPCITと異なり、虐待に対応したPCITは、変化と安全性を強める主たる領域として、養育者の行動を対象とする。それは身体的虐待をする親にも、加虐的でない親にも、里親にも、等しく効果的であることがわかっている。マルトリートメントの分野での現在のPCITの応用は、親の行動改善と

ストレスの減少を強調しているが、虐待に対応したPCITは、従来のモデルや適用と同様のレベルで、子どもの行動改善も維持しようとする。

第 **5** 章

適切な治療を選ぶにあたって

　第4章まで、トラウマの影響を受けた幼い子どもやその家族を支援するために考案された、エビデンスに基づく3つの治療法、子ども–親心理療法（Child-Parent Psychotherapy：CPP）、愛着・生体行動的回復療法（Attachment and Biobehavioral Catch-Up Intervention：ABC療法）、親子相互交流療法（Parent-Child Interaction Therapy：PCIT）について述べてきた。これらの治療法はすべて、子どもの回復と前向きな発達の道筋を取り戻すために親子関係を通じて取り組むもので、親を支え、親子関係を癒しながら行われるものである。

　本章の目的は、臨床家が特定の行動問題、関係性の問題、またはその両方をあつかうとき、どの治療法が最も効果的かを決めるための参考となることである。治療法を比較し対比しやすいように、表5-1に各治療法の説明を並べて表記した。また、効果的な治療法の選択に関わる基準の概要も載せておきたい。臨床家が、どの治療法が「誰に効果があるか」を決めるのを手助けするこの方法は、先の年長児と思春期の子どもたちへの臨床の指針でも用いられている（Fonagy et al., 2014）。本章の指針は幼い子どもとの臨床に特化したものであり、臨床家に特定のエビデンスに基づく治療法の研修を行うことを考えている機関にも役立つであろう。

表5-1 トラウマにさらされた幼い子どもへの治療法の比較

	子ども-親心理療法 CPP	愛着・生体行動的回復療法 ABC療法	親子相互交流療法 PCIT
主な理論的背景	精神力動学、愛着理論[a,b]	愛着理論[a,b]	子育てスタイル[c]、オペラント条件付けによる親コーチングモデル[d]、愛着理論[b]、威圧理論[e]
主な治療の目的	安全型愛着の達成	混乱型愛着のリスクを減らす	威厳ある子育てができるようになる
	一緒にトラウマの物語を紡ぐ、親子の心的外傷後ストレス症状を減らす	親の愛情深い世話と同調性を増やす、侵襲的で怖がらせる行動を減らす	親の温かみ、非指示的遊び、限界設定を増やす
	情動の改善と行動の調整	子どもの心理生物学的調整の強化	子どもの破壊的行動の減少
参加の基準	0〜6歳	6〜24ヵ月	2〜7歳
	あらゆるタイプのトラウマにさらされた親子	マルトリートメントにさらされた親子	身体的・心理的虐待、DVにさらされた親子、子どもの破壊的行動
除外基準	参加拒否の親	参加拒否の親	参加拒否の親 中程度から重度の心的外傷後ストレスのある子ども
期間	60分の週1セッションを50回	60分の週1セッションを10回	60分の週1セッションを10〜12回
場所	クリニックか自宅	自宅	クリニック

[a] Bowlby (1988). [b] Ainsworth (1989). [c] Baumrind (1966). [d] Hanf (1969). [e] Patterson (1982).
すべての親子ペアの治療において、第一にすみやかに安全性が確保されるべきであり、性的虐待の加害者である養育者はすべての治療に参加することができない。さらに、重度の発達障害や精神疾患（例：統合失調症）のある親や現在もなお物質乱用のある親は治療に参加することができないだろう。

　トレーニングの視点から言えば、ある集団や個人に、また、主訴やトラウマ体験をあつかうに際して、どの治療法が最も適切かを学生が決めるのを手助けすることは難しい場合が多い。幼い子どもとその家族への

臨床的介入や治療に関する学部生・大学院生の教育は、理想的には、さまざまな介入法や治療法に関する授業や講義と、もし可能であれば、異なる治療法を実際に学んで練習できる機会があるとよい。しかしながら、現実的には多くの教育プログラムが特定の理論を志向しており、その視点に則った治療法を学生に教えている。学生は偏見なくプログラムに参加するが、その多くは特定の理論的志向の知識と経験を得てトレーニングプログラムを終える。トレーニングされる者や臨床家が体験するさまざまな教育環境とトレーニングプログラムの中で得る経験が、彼らの治療法の選択に影響するのである。

　エビデンスに基づく幼い子どもとその家族への3つの治療法は、1年～1年半におよぶ集中的なトレーニングを受けなければならない。これらの治療法を実践できるようになるためのトレーニングには、18ヵ月の中で直接会って指導を受ける1～3セッションのトレーニングと、1ヵ月に2～4回の電話コンサルテーションのいずれもが必要である。さらに、トレーニングを受ける者はある一定数の症例の治療を担当しなくてはならず、治療法によっては、トレーニング中に一貫した定期的なコンサルテーションを受けて症例発表を行わなくてはならない。3つの治療法それぞれのトレーニングの情報とトレーニングマニュアルはオンラインで入手可能である（CPP：https://childtrauma.ucsf.edu/child-parent-psychotherapy-training-agencies　ABC療法：http://www.abcintervention.org/　PCIT：https://pcit.ucdavis.edu/）。本章では、特にトラウマにさらされた幼い子どもたちへの治療法を決定するにあたっての重要な情報と見方を提供する。

　表5-1に詳細に記載されている通り、CPP、ABC療法、PCITの理論的枠組みには、精神力動学、愛着理論、社会的学習理論がある。臨床家の理論的志向は、幼い子どもたちの行動の問題、情動の問題、関係性の問題をあつかうために選択された治療法に確実に影響する。いずれの治療法が用いられるにしても、目的は、その子どもを正常な発達の道筋に

戻すのを手助けすることである。治療的作業が成功するための核となるのは、子どもと養育者双方の強みをサポートすることである。臨床家に必要な治療の目標には、臨床家とその家族が治療に取り組めると思う、もしくは取り組むことが可能な時間の長さ、といった基本的な事柄を含む介入戦略を選択することもある。さらに、臨床家や臨床家が働いている機関の理念によっては、ある特定の症例に対していくつかの治療法は禁忌である場合もある。治療の選択だけでなく、治療が進む過程に関しても影響をおよぼすセラピスト側の要因について、常に認識しておくことが大切である。これらの治療法のどれを実践するにしても、セラピストは自分自身の偏見や、幼い子どもとその家族を相手に働くときの自分の好みの習性について気づいておくべきである。たとえば、ABC療法は家族の自宅で行われる。多くのCPPの臨床家はクリニックでの臨床を基本とするが、しかし、CPPも自宅で行われることがある。PCITはクリニックで行われる。

　家族の文化的価値観に注意を向けることもまた、治療関係を築き治療を進めていくうえで重要である。それぞれの家族をそれぞれ固有の文化的背景に則って理解することで、彼らの価値観を尊重し、可能な限りその価値観に沿って治療的作業を調整することができる。文化的慣習や人とのつながり方が理解されると、より効果的に家族との信頼関係が築かれる。幼い子どもへのトラウマの影響を考えるとき、状況について理解することも肝心で、それは、貧困やマイノリティの立場、そして、もし丁寧にあつかわれなければ治療開始の拒否や治療の早すぎる終結につながる可能性もあるような、家族のその他の要因などである。残念なことだが、全体的に見ると、格差は続くことが多い。たとえば貧困は、治療を受けることに対する基本的な難題、たとえば予約のための交通手段を用意することに関する問題、さらに地域のストレスにさらされやすいといったより複雑な問題をもたらすこともあるだろう。

　表5-1の説明に加えて、図5-1にCPP、ABC療法、PCITの説明を並

```
┌─ 1. 子どもの年齢は？
│     エビデンスに基づく治療法は特定の発達段階にある子どものニー
│     ズに合わせて実施される（例：乳児期、よちよち歩きの幼児
│     期、学齢期）。
│                                                              ↓
│  2. その子がどのタイプのトラウマにさらされてきたか？
│     後遺症は？
あなたの教育的背景  治療はある特定のタイプのトラウマや現在の症状にきわめて効
と理論的志向は？     果的なこともあれば禁忌なこともある。
その家族の背景は？                                              ↓
│  3. クライエントは誰か？
│     治療選択は、子ども、親、もしくは親子関係が現在どれだけの
│     問題を抱えているかによる。
│                                                              ↓
│  4. 実施するにあたっての制約は？
│     治療の場所や期間は、勤務先のクリニック、相談機関、施設、
└     そして家族のモチベーションの制約を受けることがある。
```

図5-1　適切な治療法を選択する際に必要な検討事項

べ、臨床家がどの治療法を各乳幼児の症例に用いるかを決めるにあたって参考となる段階モデルを示す。さらに参考となるように、治療法選択の意志決定過程を、各々の治療法決定の背景にある理由などを含めてより明確にできるよう、いくつかの症例を示そう。それらは、この分野に馴染みのない臨床家にも、経験豊かな臨床家にも内容がわかりやすく、役立つだろう。ここではまた、臨床家のトレーニングやトラウマを受けた幼い子どもの治療法の選定に関する実務上の決定に役立つガイダンスも提供する。

治療選択の枠組み

基準1：年齢

治療の選択にあたって最もわかりやすい指標の一つは、年齢である。CPPは乳児期から幼児期（0～6歳）に適切であるが、ABC療法は乳児

とよちよち歩きの幼児（6〜24ヵ月）に最も適しており、PCITはよちよち歩きの幼児から年長の子ども（2〜7歳）に適している。

基準2：トラウマにさらされた経験

臨床家にとっての2つ目の決定因は、子どものトラウマ体験の性質である。3つの治療法すべてが関係性（2人組の、が多い）の枠組みを用いることを考えると、臨床家は、トラウマが本質的に対人関係によるものかどうか、もしそうであれば、養育者はどのようにトラウマに関わっていたのかを考えなくてはならない。もともと、CPPはDVにさらされた幼い子どもと母親に焦点を当てていた（Lieberman, Ghosh Ippen, & Van Horn, 2015）。そのため、養育者にも子どもにも共通して体験されているトラウマや、もしくは子どもが目撃したけれど直接的に養育者が害を加えたわけではないトラウマには、CPPが選択できそうである。それに対して、治療に能動的に関わろうとする養育者が、わが子に虐待をしたり怖がらせるような行動をとったりしている場合には、ABC療法とPCITがどちらも病原となるような子育てを感受性豊かな子育てに置き変えることを真っ向から強調しているので、最も適切な介入になるだろう。

基準3：トラウマにさらされた後遺症

トラウマ体験のタイプを考慮することに加え、臨床家はその特定の症例に現在現れている症状をどのように概念的に解釈するかを決めなければならない。子どもの示す症状はPTSDの症状なのか、破壊的行動なのか、親の鈍感さや反応によるものなのか、そして／あるいは、その他の発達的、医学的、神経学的問題を含むものなのか？　CPPが明確にPTSDの症状を対象とし、心的外傷後の再体験（例：遊びや行動的再現）に対するはっきりとした戦略を述べている唯一の介入法だと考えると、心的外傷後の症状を呈する子どもにはCPPが最もふさわしい選択だろ

う。しかし、子どもの行動的・情動的混乱が侵入的想起や侵入的感情への直接的な反応であるということがあまり明確でない場合には、養育者に対して、子どもの変わりやすい情動状態をどのようにあつかい、その子の安心感や自律をどのように築いたらよいかについて具体的なガイダンスを行うことが重要である。このような症例には、利用しやすく、連続性が弱く、構造的な性質をもつABC療法が最も適切かもしれない。子どもが破壊的でもあり、親が具体的な行動管理スキルを必要とするときには、PCITが最適であろう。

基準4：クライエントは誰か？

手続きのコーディングやマネージドケア（managed care［訳注1］）の点からみると、2人組で行う治療はジレンマを生むかもしれない。そう珍しくない頻度で、臨床家が最初にケースを紹介された時点では、特にもし児童福祉機関からの紹介だった場合、「患者」とされるのは果たして親なのか、子どもなのか、それとも関係性なのか、はっきりしないことがある。これらの治療法のどれかを要請する際に使用する正確な手順上の規範を論じることは本書があつかう範囲外ではあるが、臨床家はどの治療法が最適かを決める際にこうした問いを考慮しておくことが重要である。たとえば、マルトリートメントが現状の問題であり、治療に関わる養育者がマルトリートメントの加害者として重要な人物である症例では、養育者の行動を評価し直接働きかけることに重きを置くABC療法もしくはPCITが治療法として選択されるだろう。同様に、親子の間で威圧的な行為が高まっていくのが繰り返されることがはっきりしているときには、PCITがその否定的なやりとりのパターンを崩すのに最も役に立つだろう。しかし、養育者が子どもに対して適切で効果的に反応してやることの難しさが、養育者自身のトラウマや精神疾患を発症させる

［訳注1］治療内容の総合的な管理。

ような養育から影響を受けている場合（例：「赤ちゃん部屋のおばけ」）には、養育者の心の健康や、内的表象、幸福や健康の改善をはっきりと強調しているCPPを選択することがより適切になるだろう。さらに、ABC療法のように、CPPは養育者が子どもの行動や情動的ニーズについてより理解していくようにする戦略を用いている。CPPは養育者の理解を深め反応を増やすだけでなく、子どもがそのトラウマ体験の意味を構築できるよう手助けする。このタイプの治療介入は、子どもの負担感を減らすのに役立ち、その子の自己調整能力をより発達させることができる。

基準5：養育者の参加能力、治療継続力および利用期間

　最後に、臨床家は治療を決定して開始する前に3つの実務的な課題について考えなければならない。それらは、(a)治療に参加可能な養育者と治療を開始する場合の禁忌の有無、(b)その家族が治療を維持する可能性、(c)家族が実際に治療に参加した場合の治療サービスの利用限度、である。臨床現場というものは、そこへの紹介機関でも、提供するセッション数に関する方針でも、非常に異なっている。よかれと思ってだが、乏しい情報で不適切な紹介が行われて養育者が参加すると、子どもや養育者がさらに危険にさらされるようなときがある。基本的に自ら受診する動機づけの高い家族を対象にし、無制限な治療を提供することを主とするクリニックがあるが、よその機関からの紹介が裁判所からの通達による場合もあるかもしれない。たとえば、裁判所の監督下にある児童福祉制度システムのケースである子どもには、1997年の養子と家庭での安全を定めた法律（Adaptation and Safe Families Act）が子どもの健康と安全を最優先課題として挙げているため、治療期間が強制的に制限されるだろう。こうしたケースでは、治療の第一の目標は、裁判所の監督下で一時的に里親ケアに出されている子どもたちを、生物学的な親や親族、または養親との永続的な家庭にできるだけ早く移すことなのである。

性的虐待の加害者は治療に参加しないという点に加え、養育者にまつわるその他の事柄も、関係性に焦点を当てた治療法では禁忌となることがある。未治療の重い精神疾患を患っている養育者、そして／あるいは、物質乱用がさかんにある養育者は、本書で紹介した治療法を行う前にまずその状況を何とかしなければならない。クライエントの動機づけが低いときや、クライエントがクリニックに来所することができないときには、家庭ベースであるABC療法が効果的だろう。つけ加えれば、補佐的な自己動機づけモジュールのあるPCITの手続きはクライエントの動機づけが低いときにおおいに役に立つだろう。ABC療法もPCITも比較的短期間の構造化されたアプローチで、明確な段階設定と終結があるため、クライエントが治療に参加し続けやすいかもしれない。反対に、CPPは治療期間に融通のききやすい人々や状況に適しているだろう。CPPはそこにある多様な問題に対応でき、複雑で世代間伝達のあるトラウマにも、また親や子どもの予後に影響する親の心の健康の問題にも対応できる。

症例紹介 [注]

症例1

エミリーは2歳で、近所の人が一人で道路を徘徊しているエミリーを見つけたあと、児童保護局から紹介されてきた。近所の人は、二度目にエミリーを見かけたときに警察に連絡した。児童保護局はこのケースを把握し様子を見守っていたが、エミリーの母親メアリーと同居しているエミリーの祖母が、もっとしっかりエミリーの世話をすることに同意したため、里親ケアには送らなかった。エミリーの母、メアリーは21歳で抑うつ状態にあり、糖尿病と高血圧もあって、一日のほとんどを寝たき

[注] 患者の守秘義務のため、症例には改変を加えている。

りで過ごしていた。メアリーは彼女自身の祖母に育てられたが、その祖母も抑うつ的で、断続的に薬物乱用があった。エミリーの祖母は身体的な世話をすることはできたが、幼い子に非常に重要である愛情のこもった世話や情動的なサポートをエミリーにしてやることはできなかった。メアリーはたいていいつも疲れ切っており、エミリーの世話はできなかった。メアリーは、子どもとして、「ほどほどによい（good enough）」子育てを学ぶことはけっしてなかったのである。

エミリーの父親は、実の母親と義理の父親から身体的虐待とネグレクトを受けて育った被害者だった。彼は里親のもとで思春期を送った。彼は実の家族とも里親家族とも一切の連絡を絶っており、短期間の建設現場での仕事しかなく、それが家族のいくばくかの収入だった。彼の暴力的な気質とアルコール乱用がDVにつながり、父親は逮捕された。エミリーの父親がいなくなると、家族は経済的困窮に陥った。エミリーは父親をとても恋しがった。父親がしらふのときはエミリーとよく遊んでくれ、外にも連れて行ってくれたからだ。抑うつ的な母親よりも、父親のほうがエミリーに情動的に関わってくれたのだ。しかし、父親がいなくて寂しいとエミリーが口にするたびにメアリーが動揺してイライラするため、エミリーはそれ以上言うのをやめ、一人で遊んだ。エミリーは養育者から離れて引きこもることが多かったが、母親が時折クリーニングの仕事に行くときには泣き叫ぶこともあった。ほとんど監護の目がなかったためだろう、エミリーは鍵のかかっていない家のドアを開け、道路を徘徊するやり方を学んでいた。エミリーの祖母が高齢で病気をしているという心配に加えて、メアリーは、そう遠くないうちに祖母がエミリーの世話をできなくなるのではないかと恐れていた。メアリーは、わが子には自分よりもよい人生を歩んでほしいと願っていたが、残念なことに、抑うつ的であることがほとんどで、エミリーと遊んでやらなくてはいけないことに気づくことも、気持ちに寄り添ってやることもできないでいた。メアリーはエミリーのために早期ヘッドスタート（Early Head

Start）に申し込み、エミリーがよい学習のスタートを切れるようにと願った。

　エミリーが道路を徘徊しているのを発見される前に、近所の人は、父親がお酒を飲んだときの暴力について心配だと警察と児童保護局に連絡していた。しかしながら、そのときは子どものマルトリートメントに関する証拠がなかったため、エミリーは里親ケアに移されなかった。姉からの社会的サポートやエミリーの祖母の手助けがあるにもかかわらず、メアリーは孤独で怯えていた。メアリーは娘のことに心を悩ませ、家庭の事情がいかに娘の幸せに影響してしまっているかを心配していた。メアリーはまた夫との関係によるストレスにも苦しみ、彼が刑務所から出てきたらどうなるのだろうかと案じていた。いろいろな状況がよくなるようにとがんばっていたが、悲しみ、恐怖、ストレス、母親としての責任からの重圧を感じずにその日一日を終えることは難しいと時々感じていた。メアリーには、こうした感情をやり過ごしてエミリーが必要とする情動的サポートをしてやることは困難だった。

症例1：枠組みの適用

　エミリーは2歳（24ヵ月）のため、ABC療法、CPP、PCITのいずれもが治療の選択肢となる。しかし、エミリーは、特に不安なときや母親の気持ちがここにないようなとき、内にこもるような様子があり、それはトラウマへの曝露があったことを示している。エミリーの道路徘徊や母親の応答のなさは、監護や情動のネグレクトを示唆しており、DVにさらされていることと合わせて、PCITはやや不適切といえる。さらに、DVの加害者であった父親からの分離は、エミリーや母親にとって一時的に安全性を高めたかもしれないが、エミリーは、父親からよく応答してもらいながら世話をされる時間を失い、トラウマとなる喪失を体験してもいた。エミリーのトラウマへの曝露と後遺症は、CPPかABC療法を適用する方向性を示している。エミリーの行動的・情動的混乱

は、トラウマへの曝露だけでなく、気持ちが通わずほとんど反応のない母親との問題のある関係性と、父親の不在とも関連するものなのである。

　この症例では、エミリーの母親に対して、潜在的で自動的な否定的反応を乗り越える方法と、エミリーの変わりゆく感情やニーズに寄り添うための構造的で具体的なガイダンスが重要である。ABC療法もPCITもCPPより構造化されたアプローチであるが、エミリーはまだ2歳ちょうどであり、特に行動制御の問題は示していない。そのため、本症例にはABC療法がより適切である。ABC療法はまた、この幼い子どもと母親が在宅したまま介入する素晴らしい機会となる。メアリーは、エミリーの現在の状態が改善することを望んでいた。作業の中心となるのは、メアリーが自分の行いはネグレクトになるものであると認識し、エミリーに心を込めた響き合う世話をすることの大切さを理解するのを手助けすることだろう。最終的には、ABC療法は、エミリーが示している混乱型愛着行動を減らし、エミリーが社会情動的、生物学的調整能力を発達させるのを後押しするために、より肯定的な親子関係を発展させるようガイドし支えていくことになるだろう。

　ABC療法はまた、エミリーの母親にはリソースがほとんどなく、抑うつ的で、クリニックでの治療には参加が難しいことから考えても適している。エミリーと母親への治療参加の維持や期間を考えると、ABC療法は在宅で行えるため、最もふさわしい。在宅での治療では、エミリーの養育者の一人でもある祖母もその場にいることができ、エミリーの母親は、家庭でやらなくてはならないことをうまくやりくりしながら、思いやりのある響き合う親としての行為を学ぶことができる。本症例では、ABC療法によってエミリーの家族内のいくつもの問題要因をあつかうことができ、また、しっかりと参加してもらえる可能性が最も高くなる。しかしながら、エミリーの父親が刑務所から戻ったときには、また大きく変化する潜在的な可能性があることを考えると、観察を継続し

ていくことが重要である。

症例2

アンジェリーナは4歳で、身体的虐待と子どもを命の危険にさらす恐れが確認されたということで児童保護局から紹介されてきた。アンジェリーナの父親、ケイン氏は、娘は「おむつがとれて以来」あまりにひどいかんしゃくを起こすし、反抗的な行動をとるのだと話し、「どうしたらいいのやら途方に暮れている」のだという。アンジェリーナの行動に対処するのにこれまでにどのようなことをしてみたかと尋ねると、ケイン氏は簡潔に、「全部ですよ！」と言った。ケイン氏は涙を流しながら、アンジェリーナが最近かんしゃくを起こしたときに、彼は娘の顔面をなぐり、聞き分けなく暴れる彼女の手首をつかんで裏庭まで引きずり出したことがあると打ち明けた。そのときには、「俺が本当に後悔するようなことをしなくていいように落ち着いてくれ」と、彼は鍵をかけてアンジェリーナを外に閉め出したのだった。児童保護局からの付帯報告では、医学的検査の結果、アンジェリーナの顔と首にはっきりとあざがあり、さらに手首にも複数の裂傷が認められたという。近所の人たちはアンジェリーナが叫び声を上げるのを聞いて、救急サービスに連絡した。かけつけた警察官の報告によれば、警察官が到着したときケイン氏は敵意をむき出しにしており、娘に対して「おまえが『悪い子』だから、とうとうおまわりさんがおまえを連れていくために来たんだ」ときつく言っていたという。

ケイン氏は、アンジェリーナに対しても自分自身に対しても、マルトリートメントや生命を脅かすようなことは一切したことがないと否定した。アンジェリーナの母親と離婚してから、2つの仕事に対する責任、アンジェリーナの世話をする責任、さらに他の子どもたちをサポートするお金を支払う責任のバランスをとらなければならず、経済的に悪戦苦闘するようになったのだという。離婚後の記録によれば、アンジェリー

ナは主として母親と2人の姉妹（9歳の姉と生後6ヵ月の妹）と一緒に暮らしており、父親には隔週で会いにきていただけだった。しかし、友だちに対して攻撃的な行動をとるということで3ヵ月ほど前にアンジェリーナが保育園から除籍されたため、「おりこうに行動するのを学ぶまで」父親と暮らすようにと、母親はアンジェリーナを父親のもとに送ったのだった。

症例2：枠組みの適用

　アンジェリーナの年齢に最も適しているのはPCITかCPPのいずれかである。もしもう少し幼ければ、ABC療法も適切な治療法といえるだろう。本症例のトラウマ曝露の特徴は、対人間で起こる性質のものであるということ、そして、治療に参加する養育者が虐待の加害者でもあるということである。追加報告によると、アンジェリーナの母親もまた娘に対して敵意をもって否定的な関わりをしていた可能性があるとのことだが、この時点では、アンジェリーナを父親の家から離して別のところで保護する計画はなかった。本症例のトラウマの影響を考慮すると、アンジェリーナの破壊的で攻撃的な行動は身体的虐待のエピソードに先立って起きていたように思われた。評価の最中に、臨床家は、今回がアンジェリーナの親が彼女に暴力をふるった初めての出来事であるかどうかを考えなくてはならない。しかしながら、アンジェリーナの行動の激しさから考えると、彼女のこの激しい反応は、過去に起きた出来事がもとになって引き起こされる心的外傷の後遺症を示している可能性がより高いと思われる。ケイン氏の虐待的行為や情動的反応がきわめて激しいため、アンジェリーナとの間で否定的なやりとりの体験が増えていくばかりで、子どもにうまく対処するスキルがほとんどなく、情動的に対処する能力が限られてくる可能性があり、それらすべての要因が彼の調整できない行動や情動の原因になっているのである。

　「誰が患者なのか？」という問いに対する答えは、この症例ではあま

り明確ではない。アンジェリーナの行動は深刻で、父親のもとで暮らすことになる前にすでに望ましくない結果が現れていた（つまり、保育園からの除籍と父親と暮らすために父親のもとに送られた）。同時に、ケイン氏は娘の行動に対してますます危険な方法で反応している。そのため、アンジェリーナとケイン氏のエスカレートする危険なやりとりのパターンが治療における最初の対象となるように思われる。ケイン氏が自分自身と娘の過去の重大なトラウマは否定したことや、治療への開かれた気持ち、そして彼自身の行為の危険性を認識しておきたいという意欲を考慮すると、父親が治療に参加することに難しさはないようである。PCITは、身体的虐待のある養育者-子ども関係の文脈において、その後の虐待の可能性を減らしながら子どもの深刻な行動問題を改善する効果に実績がある。これらすべての要素を考慮に入れると、この親子にはPCITが最も適切な最初の治療法だろう。この症例ではまた、母親の役割を考えること、そして、母娘の組み合わせで母親にも治療に参加してもらうよう臨床家から母親に連絡をとることが子どもにとって役立つかどうかを考えることも重要である。もし母親がPCITに参加することに同意し、セラピストも時間があり、実現可能な場合、セラピストはそれぞれの親とアンジェリーナの組み合わせで週に1回ずつ、合わせて週に2回のセッションを設けられるだろう。もしそれが事実上難しければ、隔週ごとに父親とアンジェリーナ、母親とアンジェリーナに会うこともできるだろう。

症例3

モーリスは3歳半で、0～6歳の幼い子どもたちの児童福祉ケースを専門にあつかう少年裁判所から紹介されてきた。モーリスは生後6ヵ月から3歳まで、実の父親からひどい性的虐待を受けていた。モーリスの母親は深刻なアルコール・物質乱用歴があり、モーリスが生まれてまもなく彼を捨てた。何年もの間いろいろな方法で母親に連絡を試みてきた

が、どれもうまくいかなかった。父親が別件で逮捕されたあと、モーリスは実の両親から離され、（裁判所の裁定に基づき）州の監督下で保護された。彼は里親に預けられ、里親は、モーリスが攻撃的で、自慰をしたり、物を使って性的刺激を味わったりといった発達的に不適切な性的行動を示すと報告した。モーリスはまた、里親の母親に性的接触を求めてもきた。児童福祉司がこれらの報告を受けたあと、モーリスは児童養護センターに紹介され、そこで司法面接と医学的評価が行われた。モーリスは身体的には健康であったが、医学的所見はアナル挿入があったことと一致し、また、モーリスは面接中あけっぴろげにいくつもの多様な性的虐待体験を語った。モーリスは、これらの行為は実の父親との間に起きただけではなく、きょうだいたちとも性的行為をするよう促されたと話した。紹介されてきた時点でのその他の気がかりには、激しいかんしゃく、発達的に退行した行動、解離症状、注意の問題、過活動、悪夢があった。さらに、モーリスの性的な誘いや接触が里親から適切に拒否されると、彼はとてつもなく依存的になり、ひきこもり、そしてときには暴力的になった。彼はよく里親に「どうして僕のことを愛してくれないの？」と聞いた。

　当然のことながら、モーリスの里親は彼の行動に疲れ果てていた。彼女はそういった行動と過去の虐待体験のつながりを理解することはできたが、それでも彼の行動や要求は気持ちをかき乱すものだと気づき、自分の手に負えるだろうかと心配にもなっていた。最初はモーリスを養子に引き取ろうと考えていたが、モーリスの里親は、モーリスの行動に対する里親の応答に、彼が激しく、そして／あるいは、仕返しをするように振る舞ったり反応したりするとき、モーリスから引いてしまうことがよくあると話した。それに加え、モーリスの里親は、勇気を出して自己開示し、彼女自身もまた10代の頃に性的虐待の被害にあい、モーリスの行動を見るとにわかに昔の記憶とつらい情動が呼び起こされるのだと教えてくれた。彼女は、モーリスが一人の無垢な子どもなのだという事実

と何とか向き合おうとしたが、同時に、モーリスもまた彼女を虐待した男のような加害者になるかもしれないと心配してもいた。

症例3：枠組みの適用

　モーリスのケースは複雑である。彼の年齢から考えると、CPPかPCITが最も適切である。モーリスのトラウマ曝露は深刻で長期間にわたり、対人的な性質をもっている。里親の母親は虐待をしないが、モーリスは彼女の限界設定を拒絶として体験している。さらに、里親の母親は、モーリスの性的行動を目にすると、自分自身の圧倒されるような虐待体験にふいに襲われることが多かった。本症例の治療を決定するに際には、モーリスの行動におけるトラウマの役割を理解することがきわめて重要である。モーリスの行動は極端で、効果的な応答をしてやらなくてはならないものだが、そのためには、彼の受けた虐待体験の行動の再現として理解するのが最もよいと思われる。これはさらに、彼が限界設定を対人関係における拒絶と捉えることからも支持される考えである。モーリスの虐待体験は、愛情のある関係（養育者と子どもの関係、また、子どもと子どもの関係）は性的関係が根底にあるものだというワーキングモデル（自己や他者の内的理解）を彼の中に発展させたのである。さらに、モーリスのその他の症状である悪夢、解離、退行、感情の混乱は、子どものPTSD症状として現れるものと一致している。

　PCITはモーリスの不適切な行動（攻撃性やかんしゃく）を減少させ、里親とモーリスの間で注意や愛情を肯定的に表現するのを増やすのに効果的であると思われるが、モーリスが見せる心的外傷後の総合的な症状には行動領域以上のものが含まれている。さらに、モーリスの里親の過去が彼らのやりとりの中で果たす役割が、「誰が患者か？」という問いの答えをより複雑にしている。モーリスとモーリスの里親のお互いの行為に対するどちらの反応も、部分的には、過去のトラウマ体験とその予測からくるものである。PCITのような介入も、この両者の間ですでに築

かれている否定的なやりとりのパターンが悪化することを防ぐのに効果的だと思われるが、治療はもっと多くの課題に焦点を当てなければならない。何よりもまず治療は、モーリスが虐待体験を消化していくのを十分に手助けするために、モーリスのトラウマ体験、関係性の内的表象、モーリスの行動に対する養育者自身のトラウマに由来する反応にただちに対処しなければならないのである。

　最後になるが、CPPの治療をこの親子に実施することは禁忌ではないように思われる。里親の過去のトラウマ体験が重要なことは間違いないが、一般には、里親の苦悩や混乱が子どもや治療の失敗に重大なリスクを課すとは思われない。PCITの効果は養育者が過去に虐待体験を負っている場合に低くなるようだが、CPPは通常さまざまなレベルの心的外傷後ストレスを示す養育者に用いられるものであり、研究は親子どちらの症状も減少させることを示唆している。親権は停止し、また里親は独自に動機づけられており、支援を探し求めている。心的外傷後ストレスによる（子どもと養育者どちらもの）総合的症状に主たる焦点を当てることを考えるなら、健康な愛着と内的表象を築き、通常の発達の軌跡と年齢相応の社会情動的反応を再建することが重視されなければならない。本症例にはCPPが最もふさわしい治療法であると思われる。

あとがき──結論と今後の方向

　私（ジョイ・D・オソフスキー）が25年以上前にトラウマにさらされた幼い子どもと家族について研究し、彼らと一緒に仕事をし始めたとき、乳児の心の健康や幼い子どもと家族におよぼすトラウマの衝撃についてはほとんど知られていなかった。本書で詳細に記された多くの個別研究、さまざまな見方、エビデンスに基づく治療方法は、その当時、揺籃期にあったか、あるいは、まだ想像さえされていなかったのである。堅実な基盤が構築されて10年に過ぎないが、2016年に開始された私たちの仕事の基盤はそこにある。多くの領域の成長には目を見張るものがある。たとえば、膨大な研究が、脳の理解や初期経験が発達におよぼすさまざまな影響の理解のもとで行われてきている。
　この領域を発展させる手助けをした2つの団体が、この10年間の間に、アメリカ合衆国でも国際世界でも発展してきている。世界乳幼児精神保健学会（World Association for Infant Mental Health：WAIMH）という、心理学者、精神科医、ソーシャルワーカー、その他の精神保健の専門家からなる団体は1992年に設立された。WAIMHの最初の会長として、私は非医療の専門家を代表してリーダーシップをとり、また、幼い子どもたちが生きる世界に存在するトラウマに強く焦点を当てながら、その問題がもつ重要性を周知させた。
　現在アメリカ乳幼児・家族センターゼロトゥースリー（ZERO TO THREE: National Center for Infants, Toddlers and Families：ZTT）として知られる団体は、異なった名称（National Center for Clinical Infant Programs）をもつ

団体として1977年に設立された。それは、乳児精神医学という創発的領域に寄与した考えを共有し、プログラムを一緒になって発展させようとした臨床家の小さな集団だった。その団体は、乳児の精神保健にとどまらず、初期のケアと教育、親の子育て、そして幼い子どもたちと関係する政策にも焦点を当てながら、大きく成長した。私は、ZTTの会長期間中に、トラウマにさらされた乳幼児とその家族に対応する仕事の重要性を強調し、ZTTと一緒に赤ちゃんの安全促進裁判所チーム（Safe Babies Court Teams：SBCT）を発展させた。SBCTは、特殊で他領域にまたがる学習計画を少年裁判所に提供し、幼児の発達科学を用いながら児童福祉の役割を変え、子どもの幸福や健康を大切にするようにしてきている。こうしたチームは、虐待やネグレクトが原因で裁判所によって裁定された幼い子どもたちが、今までより早く生物学的な親や親戚か養親のどちらかと一緒に永住できるようにしている。また、こうした専門的な裁判所に送られる幼い子どもたちは、将来マルトリートメントにさらされる可能性がたいへん低いのである。WAIMHとZTTという非常に異なる構造を備えた2つの団体は、乳児と幼児の発達ならびに臨床の理解に貢献している。

　さらに、10年以上前に、アーヴィング・ハリス基金は乳幼児精神保健のトレーニングの発展と拡張を促すために、専門職発達ネットワーク（Professional Development Network）を設立した。このネットワークは、10の州、コロンビア特別区、そしてイスラエルにある18の幼児ならびに乳児精神保健リーダーシップサイトから構成されている。私たちは、幸運なことに、ルイジアナ州立大学健康科学センター（Louisiana State University Health Sciences Center：LSUHSC）に、乳幼児精神保健のためのLSUHSCハリスセンターを保有している。このセンターでは、他のハリスプログラムと協力して、乳幼児精神保健のトレーニングの発展と拡張をめざしてきている。

　本書の主要な目的は、トラウマが幼児におよぼす衝撃を記述し、子ど

もと家族がエビデンスに基づく治療によって援助されるさまざまな手段を描き出すことである。1990年代にニューオーリンズ警察と協力して開発された暴力への介入プログラム（Violence Intervention Program）を通して、幼い子どもたちは周囲で生じている暴力を頻繁に目撃しているが、親も他の大人たちもこれがもつ否定的な影響に気づいていないことを学んだ。多くの人々が、子どもたちは幼いので影響されないとか、彼らは「立ち直る」だろうと信じていた。今日では、専門家は子どもが暴力を目撃すると直接的で長期間におよぶ衝撃を受けることを認識しているが、その専門家でさえ、当時はこうしたことをほとんど知らなかった。序章で述べたように、子ども時代の逆境的体験が発達や健康におよぼす否定的な影響は、過去20年の間に行われた研究の大きな成果として、ようやく広く認識され、またそれに対処されるようにもなっている。同時に、子どもたちを暴力にさらすことから保護し、暴力が多くある都市部に住んでいる子どもたちに対して肯定的で養育的、さらに安全な活動を見出す手助けをするための仕事を行った。ほぼ同じ頃、地域のグループと協力して、青年期の母親向けのプログラムを開発した。こうした介入プログラムで、若い母親とコミュニケーションをとる新しい方法を学び、「赤ちゃんの代弁」という介入を開発したが（Carter, Osofsky, & Hann, 1991）、それは母親の予後を改善し、母親の感受性を高めたのである。

LSUHSCチームは、アメリカ国立子どもトラウマティックストレス・ネットワーク（National Child Traumatic Stress Network：NCTSN）と協力して行った研究によって、幼い子どもたちのトラウマ予防、トラウマ反応、トラウマの回復について非常に多くのことを学んできた。私たちのNCTSNセンターは、学校、児童福祉、警察、少年裁判所といった他の機関と協働的な関係を結びながら、子どもに対するトラウマインフォームド・支援システムを開発する手助けをすることや、幼い子どもたちへのエビデンスに基づく治療法を普及させることに力を注いできている。この10年間で、トラウマが発達途上にある脳にあたえる衝撃についての

理解がきわめて進展してきている。2006年にハーヴァード子どもセンター（Center for the Developing Child at Harvard）は、早期の心理生物学的発達科学を取り入れ、それを多くの学問領域を網羅した集団が取り込みやすいように説明し直した。こうした学問間での創造的な情報交流の努力によって、この集団も他の集団も、早期のトラウマにさらされた子どもたちに長期的な問題を引き起こすリスクをもたらす複雑な生物学的メカニズムに触れ、それを理解する可能性を高めたのである。

　乳幼児精神保健領域では、アセスメントと治療のために観察を組織的に用いる方法について、今では多くのことが知られるようにもなっている。そうすることで、幼い子どもたちが言語を使って自分の考えや気持ちを述べる時期よりずっと前に、幼い子どもと彼らがもっている関係性の理解がより可能になるのである。心理学者やその他の精神保健の専門家にとって、幼い子どもに問題があるときには、その注意の焦点が症状やその子を悪化させているものにあまりにも向けられやすい。回復のための可能性や道筋、あるいはレジリエンスや心の健康の重要性については十分に論じられていないのである。

　本書は、トラウマにさらされてきた乳幼児と家族を理解し、彼らに協力しようとする臨床家の方法に影響する情報や視点を提供している。ここで提供される素材は、乳幼児精神保健の知識を増やし、こうした子どもたちに対する評価、アセスメント、エビデンスに基づく治療法の重要性を強調する精神保健のトレーニングプログラムに統合されることが大切である。この知識は特殊化されているが、広く適用することができる。成人だけに対応している臨床家は、そのクライエント、つまり親が自分の子どもと関係するストレスや対処の問題に直面するときには、乳幼児の問題に直面するだろう。年長児や青年を対象に仕事をしている臨床家は、人生の最初の数年間で体験したトラウマの永続した影響に取り組むことがあるだろう。乳幼児の心の健康にあたえるトラウマの衝撃に関する知識をトレーニングプログラムに統合することは、患者を生涯に

わたって支援する若い臨床家の能力を高めることになるだろう。

　公共政策の観点から見ると、重要でインパクトがある進歩は精神保健問題の認識を高めていることにある。しかしながら、多くの努力が年長の若者や成人に絞られている。励みになるのは、法律や公共政策が非常に幼い子どものニーズを次第に強調してきていることである。本書では、とても多くの幼い子どもたちで、種々の問題が人生の最初の数年で始まっており、それが子どもたちを、発達的、行動的、情動的、そして心の健康を困難で満たす道筋に子どもを置かせることを示す研究や臨床活動が詳細に記述されている。将来に向かってめざすべきは、トラウマにさらされた幼い子どもたちに対する予防、介入、治療の中に、公衆衛生と教育的投資を含めることでなければならない。そこにはエビデンスに基づくプログラムを広く周知させることも含められている。幼い子どもと家族についての知識と支援の利用可能性を広げるためには、精神保健だけでなく公衆衛生を提供する人々にもさらに多くの教育が必要である。それは、幼い子どもにおよぼすトラウマの衝撃に関するアウトリーチ活動や専門的なトレーニングを増やすことにはとどまらない。徐々にではあるが、そうした公共政策の営みは、暴力の曝露に対する公衆衛生の対応を改善する手助けになるだろう。時を得た見きわめ、介入、そして治療を通してケアの不均衡に対処し、トラウマを受けた幼い子どもに対するケアの連続性を豊かにしていくことが重要である。

　幼い子どもたちは、傷つきやすく、そして支援を十分に受けられない集団である。予防が、この集団のためにケアを増やし、予後を改善しようとする仕事の重要な一部であることを認識することが非常に大切である。人生の最初の数年は、発達システムが急激に変化する感受期である。それゆえ、介入は早期に行われなければならない。この時期の悪い経験は、幸福で健康な生活に大きな影響をあたえやすく、よい経験もまた非常に強力な影響をもたらしやすい。特に、安全の保証と養育の改善が早ければ早いほど、幼い子どもとその家族の予後はよりよくなる。私

たちは、本書で提供した理論的情報、研究を基盤にした情報、そして臨床的情報が、幼い子どものトラウマ曝露の衝撃と治療に関連した進歩的な仕事をしている読者の役に立つことを望んでいる。さらに、私たちは、この情報が幼い子どもを「放っておく」べきではないことの理由を明らかにしていることを期待している。思っている以上に、トラウマがもたらす生物学的、認知的、そして社会情動的な影響が重大であることを心に刻み、その対処に早期から取り組まなければならないのである。

付録：早期のトラウマが発達にあたえる衝撃の主要ポイント

生物学的発達
・トラウマは、情動とストレスに子どもが反応し調整する仕方を制御する生物学的システムにネガティブな衝撃をあたえる。しかし、質のよい養育は、適応的な反応や調整を促進させるようである。
・トラウマは、脳の構造の発達を変化させるようである。研究者は、多くの皮質と皮質下の構造の容積に変化を見出している。
・トラウマには、遺伝子の発現の仕方を変化させる可能性がある。その変化は、トラウマにさらされた子どもたちに見られる早期の機能障害を引き起こす潜在的な原因である。

認知および言語的発達
・養育者による直接的な活動（例：支持）は、家族のリスク要因（例：貧困）と同じように、認知と言語の発達に影響する。
・ネグレクトと暴力にさらされた子どもたちは、実行機能、言語、IQ、そして学業成績に障害を見せる。
・改善された養育行動は、認知と言語の機能の回復力を育成する。

社会情動的発達
・情動調整の問題は、子どもたちがマルトリートメントにさらされても、その養育者にトラウマ体験があっても出現する。
・幼い子どもたちは、養育者に、自分の情動調整のための支援を求め

る。その子どもたちは養育者の調整パターンを映し出すので、養育者の情動調整が正常に機能しないと、子ども自身の情動調整が傷つくことになる。
・人生早期のトラウマへの曝露は、愛着関係を損なう可能性がある。

文　献

Aber, J. L., & Cicchetti, D. (1984). The socio-emotional development of maltreated children: An empirical and theoretical analysis. In H. Fitzgerald, B. Lester, & M. Yogman (Eds.), *Theory and research in behavioral pediatrics* (Vol. 2, pp. 147-205). New York, NY: Plenum Press. http://dx.doi.org/10.1007/978-1-4899-1660-0_5

Achenbach, T. M., & Rescorla, L. A. (2001). *Manual for the ASEBA School-Age Forms & Profiles*. Burlington: University of Vermont, Research Center for Children, Youth, & Families.

Adoption and Safe Families Act of 1997, Pub. L. No. 105-89 (1997).

Ainsworth, M. D. S. (1989). Attachments beyond infancy. *American Psychologist, 44*, 709-716. http://dx.doi.org/10.1037/0003-066X.44.4.709

Ainsworth, M. D. S., Blehar, M. C., Waters, E., & Wall, S. (1978). *Patterns of attachment: A psychological study of the strange situation.* Hillsdale, NJ: Erlbaum.

Appleyard, K., Berlin, L. J., Rosanbalm, K. D., & Dodge, K. A. (2011). Preventing early child maltreatment: Implications from a longitudinal study of maternal abuse history, substance use problems, and offspring victimization. *Prevention Science, 12*, 139-149. http://dx.doi.org/10.1007/s11121-010-0193-2

Bagner, D. M., & Eyberg, S. M. (2007). Parent-child interaction therapy for disruptive behavior in children with mental retardation: A randomized controlled trial. *Journal of Clinical Child and Adolescent Psychology, 36*, 418-429. http://dx.doi.org/10.1080/15374410701448448

Bakermans-Kranenburg, M. J., van IJzendoorn, M. H., & Juffer, F. (2005). Disorganized infant attachment and preventive interventions: A review and metaanalysis. *Infant Mental Health Journal, 26*, 191-216. http://dx.doi.org/10.1002/imhj.20046

Baldwin, D. A., & Moses, L. J. (1996). The ontogeny of social information gathering. *Child Development, 67*, 1915-1939. http://dx.doi.org/10.2307/1131601

Baumrind, D. (1966). Effects of authoritative parental control on child behavior. *Child Development, 37*, 887-907. http://dx.doi.org/10.2307/1126611

Baumrind, D. (1967). Child care practices anteceding three patterns of preschool behavior. *Genetic Psychology Monographs, 75*, 43-88.

Berliner, L., & Elliott, D. M. (2002). Sexual abuse of children. In J. E. B. Myers, L. Berliner, J. Briere, C. T. Hendrix, C. Jenny, & T. Reid (Eds.), *The APSAC handbook on child maltreatment* (2nd ed., pp. 55-78). Thousand Oaks, CA: Sage. (小木曽宏監修、和泉広恵、小倉敏彦、佐藤まゆみ、御園生直美監訳『マルトリートメント　子ども虐待対応ガイド』明石書店、2008)

Bernard, K., Dozier, M., Bick, J., & Gordon, M. K. (2015). Intervening to enhance cortisol regulation among children at risk for neglect: Results of a randomized clinical trial. *Development and Psychopathology, 27*, 829-841. http://dx.doi.org/10.1017/S095457941400073X

Bernard, K., Dozier, M., Bick, J., Lewis-Morrarty, E., Lindhiem, O., & Carlson, E. (2012). Enhancing attachment organization among maltreated children: Results of a randomized clinical trial. *Child Development, 83*, 623-636.

Bernard, K., Hostinar, C. E., & Dozier, M. (2015). Intervention effects on diurnal cortisol rhythms of Child Protective Services-referred infants in early childhood. *JAMA Pediatrics, 169*, 112-119. http://dx.doi.org/10.1001/jamapediatrics.2014.2369

Bernard, K., Meade, E. B., & Dozier, M. (2013). Parental synchrony and nurturance as targets in an attachment based intervention: Building upon Mary Ainsworth's insights about mother-infant interaction. *Attachment & Human Development, 15*, 507-523. http://dx.doi.org/10.1080/14616734.2013.820920

Bernard, K., Simons, R., & Dozier, M. (2015). Effects of an attachment-based intervention on Child Protective Services-referred mothers' event-related potentials to children's emotions. *Child Development, 86*, 1673-1684. http://dx.doi.org/10.1111/cdev.12418

Bernard, K., Zwerling, J., & Dozier, M. (2015). Effects of early adversity on young children's diurnal cortisol rhythms and externalizing behavior. *Developmental Psychobiology, 57*, 935-947. http://dx.doi.org/10.1002/dev.21324

Bick, J., & Dozier, M. (2013). The effectiveness of an attachment-based intervention in promoting foster mothers' sensitivity toward foster infants. *Infant Mental Health Journal, 34*, 95-103. http://dx.doi.org/10.1002/imhj.21373

Bock, J., Wainstock, T., Braun, K., & Segal, M. (2015). Stress in utero: Prenatal programming of brain plasticity and cognition. *Biological Psychiatry, 78*, 315-326. http://dx.doi.org/10.1016/j.biopsych.2015.02.036

Boggs, S., Eyberg, S., & Reynolds, L. A. (1990). Concurrent validity of the Eyberg Child Behavior Inventory. *Journal of Clinical Child Psychology, 19*, 75-78. http://dx.doi.org/10.1207/s15374424jccp1901_9

Boggs, S. R., Eyberg, S. M., Edwards, D. L., Rayfield, A., Jacobs, J., Bagner, D., & Hood, K. K. (2005). Outcomes of parent-child interaction therapy: A comparison of treatment completers and study dropouts one to three years later. *Child & Family Behavior Therapy, 26*, 1-22. http://dx.doi.org/10.1300/J019v26n04_01

Bonanno, G. A., Westphal, M., & Mancini, A. D. (2011). Resilience to loss and potential trauma. *Annual Review of Clinical Psychology, 7*, 511-535. http://dx.doi.org/10.1146/annurev-clinpsy-032210-104526

Borrego, J., Jr., Gutow, M. R., Reicher, S., & Barker, C. (2008). Parent-child interaction therapy with domestic violence populations. *Journal of Family Violence, 23*, 495-505. http://dx.doi.org/10.1007/s10896-008-9177-4

Bosquet Enlow, M., Blood, E., & Egeland, B. (2013). Sociodemographic risk, developmental competence, and PTSD symptoms in young children exposed to interpersonal trauma in early life. *Journal of Traumatic Stress, 26*, 686-694. http://dx.doi.org/10.1002/jts.21866

Bosquet Enlow, M., Egeland, B., Blood, E. A., Wright, R. O., & Wright, R. J. (2012). Interpersonal trauma exposure and cognitive development in children to age 8 years: A longitudinal study. *Journal of Epidemiology and Community Health, 66*, 1005-1010. http://dx.doi.org/10.1136/jech-2011-200727

Bosquet Enlow, M., Egeland, B., Carlson, E., Blood, E., & Wright, R. J. (2014). Mother-infant attachment and the intergenerational transmission of posttraumatic stress disorder. *Development and Psychopathology, 26*, 41-65. http://dx.doi.org/10.1017/S0954579413000515

Bosquet Enlow, M., King, L., Schreier, H. M., Howard, J. M., Rosenfield, D., Ritz, T., & Wright, R. J. (2014). Maternal sensitivity and infant autonomic and endocrine stress responses. *Early Human Development, 90*, 377-385. http://dx.doi.org/10.1016/j.earlhumdev.2014.04.007

Bowlby, J. (1988). *A secure base: Parent-child attachments and healthy human development.* New York, NY: Basic Books.（二木武監訳『母と子のアタッチメント—心の安全基地』医歯薬出版、1993）

Brestan, E. V., Eyberg, S. M., Boggs, S. R., & Algina, J. (1997). Parent-child interaction therapy: Parents' perceptions of untreated siblings. *Child & Family Behavior Therapy, 19*, 13-28. http://dx.doi.org/10.1300/J019v19n03_02

Bretherton, I., Oppenheim, D., Buchsbaum, H., Emde, R. N., & the MacArthur Narrative Group. (1990). *The MacArthur Story Stem Battery (MSSB).* Unpublished manuscript, University of Wisconsin-Madison.

Briggs-Gowan, M. J., Carter, A. S., & Ford, J. D. (2012). Parsing the effects violence exposure in early childhood: Modeling developmental pathways. *Journal of Pediatric Psychology, 37*, 11-22. http://dx.doi.org/10.1093/jpepsy/jsr063

Briggs-Gowan, M. J., Ford, J. D., Fraleigh, L., McCarthy, K., & Carter, A. S. (2010). Prevalence of exposure to potentially traumatic events in a healthy birthcohort of very young children in the northeastern United States. *Journal of Traumatic Stress, 23*, 725-733.

Bruce, J., Fisher, P. A., Pears, K. C., & Levine, S. (2009). Morning cortisol level in preschool-aged foster children: Differential effects of maltreatment type. *Developmental Psychobiology, 51*, 14-23. http://dx.doi.org/10.1002/dev.20333

California Evidence-Based Clearinghouse for Child Welfare. (2016). *Welcome to the CEBC: The California Evidence-Based Clearinghouse for Child Welfare*. Retrieved from http://www.cebc4cw.org/

Calkins, S. D., & Hill, A. (2007). Caregiver influences on emerging emotion regulation: Biological and environmental transactions in early development. In J. J. Gross (Ed.), *Handbook of emotion regulation* (pp. 229-248). New York, NY: Guilford Press.

Callaghan, B. L., & Tottenham, N. (2016). The neuro-environmental loop of plasticity: A cross-species analysis of parental effects on emotion circuitry development following typical and adverse caregiving. *Neuropsychopharmacology, 41,* 163-176. http://dx.doi.org/10.1038/npp.2015.204

Carlson, E. A. (1998). A prospective longitudinal study of attachment disorganization/disorientation. *Child Development, 69,* 1107-1128. http://dx.doi.org/10.1111/j.1467-8624.1998.tb06163.x

Caron, E. B., Bernard, K., & Dozier, M. (2016). In vivo feedback predicts behavioral change in the attachment and biobehavioral catch-up intervention. *Journal of Clinical Child and Adolescent Psychology.* Advance online publication. http://dx.doi.org/10.1080/15374416.2016.1141359

Caron, E. B., Weston-Lee, P., Haggerty, D., & Dozier, M. (2015). Community implementation outcomes of attachment and biobehavioral catch-up. *Child Abuse and Neglect, 53,* 128-137. http://dx.doi.org/10.1016/j.chiabu.2015.11.010

Carter, S. L., Osofsky, J. D., & Hann, D. M. (1991). Speaking for the baby: A therapeutic intervention with adolescent mothers and their infants. *Infant Mental Health Journal, 12,* 291-301. http://dx.doi.org/10.1002/1097-0355(199124)12:4<291::AID-IMHJ2280120403>3.0.CO;2-3

Chadwick Center on Children and Families. (2004). *Closing the quality chasm in child abuse treatment: Identifying and disseminating best practices*. San Diego, CA: Author.

Chaffin, M., Funderburk, B., Bard, D., Valle, L. A., & Gurwitch, R. (2011). A combined motivation and parent-child interaction therapy package reduces child welfare recidivism in a randomized dismantling field trial. *Journal of Consulting and Clinical Psychology, 79,* 84-95. http://dx.doi.org/10.1037/a0021227

Chaffin, M., Silovsky, J. F., Funderburk, B., Valle, L. A., Brestan, E. V., Balachova, T., ... Bonner, B. L. (2004). Parent-child interaction therapy with physically abusive parents: Efficacy for reducing future abuse reports. *Journal of Consulting and Clinical Psychology, 72,* 500-510. http://dx.doi.org/10.1037/0022-006X.72.3.500

Chaffin, M., Valle, L. A., Funderburk, B., Gurwitch, R., Silovsky, J., Bard, D., . . . Kees, M. (2009). A motivational intervention can improve retention in PCIT for low-motivation child welfare clients. *Child Maltreatment, 14,* 356-368. http://dx.doi.org/10.1177/1077559509332263

Chase, R. M., & Eyberg, S. M. (2008). Clinical presentation and treatment outcome for children with comorbid externalizing and internalizing symptoms. *Journal of Anxiety*

Disorders, 22, 273-282. http://dx.doi.org/10.1016/j.janxdis.2007.03.006

Chen, C. (2014). *A hidden crisis: Findings on adverse childhood experiences in California.* Retrieved from Center for Youth Wellness website: http://www.centerforyouthwellness.org

Chen, M. C., Hamilton, J. P., & Gotlib, I. H. (2010). Decreased hippocampal volume in healthy girls at risk of depression. *Archives of General Psychiatry, 67,* 270-276. http://dx.doi.org/10.1001/archgenpsychiatry.2009.202

Child Welfare Information Gateway. (2015). *Child abuse and neglect fatalities 2013: Statistics and interventions.* Washington, DC: U.S. Department of Health and Human Services, Children's Bureau.

Cicchetti, D., & Rogosch, F. A. (2001). The impact of child maltreatment and psychopathology on neuroendocrine functioning. *Development and Psychopathology, 13,* 783-804.

Cicchetti, D., Rogosch, F. A., & Toth, S. L. (2006). Fostering secure attachment in infants in maltreating families through preventive interventions. *Development and Psychopathology, 18,* 623-649. http://dx.doi.org/10.1017/S0954579406060329

Cicchetti, D., Rogosch, F. A., Toth, S. L., & Sturge-Apple, M. L. (2011). Normalizing the development of cortisol regulation in maltreated infants through preventive interventions. *Development and Psychopathology, 23,* 789-800. http://dx.doi.org/10.1017/S0954579411000307

Cicchetti, D., & Valentino, K. (2006). An ecological-transactional perspective on child maltreatment: Failure of the average expectable environment and its influence on child development. In D. Cicchetti & D. J. Cohen (Eds.), *Developmental psychopathology* (2nd ed., Vol. 3, pp. 129-201). Hoboken, NJ: Wiley.

Conradt, E., Lester, B. M., Appleton, A. A., Armstrong, D. A., & Marsit, C. J. (2013). The roles of DNA methylation of NR3C1 and 11β-HSD2 and exposure to maternal mood disorder in utero on newborn neurobehavior. *Epigenetics, 8,* 1321-1329. http://dx.doi.org/10.4161/epi.26634

Courtois, C. A., & Gold, S. N. (2009). The need for inclusion of psychological trauma in the professional curriculum: A call to action. *Psychological Trauma: Theory, Research, Practice, and Policy, 1,* 3-23.

Cowell, R. A., Cicchetti, D., Rogosch, F. A., & Toth, S. L. (2015). Childhood maltreatment and its effect on neurocognitive functioning: Timing and chronicity matter. *Development and Psychopathology, 27,* 521-533. http://dx.doi.org/10.1017/S0954579415000139

Curtiss, S. (1977). *Genie: A psycholinguistic study of a modern-day "Wild Child".* New York, NY: Academic Press.

Cyr, C., Euser, E. M., Bakermans-Kranenburg, M. J., & van IJzendoorn, M. H. (2010). Attachment security and disorganization in maltreating and highrisk families: A series of meta-analyses. *Development and Psychopathology, 22,* 87-108. http://dx.doi.

org/10.1017/S0954579409990289

Dannlowski, U., Stuhrmann, A., Beutelmann, V., Zwanzger, P., Lenzen, T., Grotegerd, D., . . . Kugel, H. (2012). Limbic scars: Long-term consequences of childhood maltreatment revealed by functional and structural magnetic resonance imaging. *Biological Psychiatry, 71,* 286-293. http://dx.doi.org/10.1016/j.biopsych.2011.10.021

De Bellis, M. D., Hooper, S. R., Spratt, E. G., & Woolley, D. P. (2009). Neuropsychological findings in childhood neglect and their relationships to pediatric PTSD. *Journal of the International Neuropsychological Society, 15,* 868-878. http://dx.doi.org/10.1017/S1355617709990464

DePrince, A. P., & Newman, E. (2011). The art and science of trauma-focused training and education. *Psychological Trauma: Theory, Research, Practice, and Policy, 3,* 213-214.

Dierckx, B., Dieleman, G., Tulen, J. H. M., Treffers, P. D. A., Utens, E. M. W. J., Verhulst, F. C., & Tiemeier, H. (2012). Persistence of anxiety disorders and concomitant changes in cortisol. *Journal of Anxiety Disorders, 26,* 635-641. http://dx.doi.org/10.1016/j.janxdis.2012.04.001

Doom, J. R., Cicchetti, D., & Rogosch, F. A. (2014). Longitudinal patterns of cortisol regulation differ in maltreated and nonmaltreated children. *Journal of the American Academy of Child & Adolescent Psychiatry, 53,* 1206-1215. http://dx.doi.org/10.1016/j.jaac.2014.08.006

Dozier, M., Bick, J., & Bernard, K. (2011). Attachment-based treatment for young, vulnerable children. In J. D. Osofsky (Ed.), *Clinical work with traumatized young children* (pp. 295-312). New York, NY: Guilford Press.

Dozier, M., Lindhiem, O., Lewis, E., Bick, J., Bernard, K., & Peloso, E. (2009). Effects of a foster parent training program on young children's attachment behaviors: Preliminary evidence from a randomized clinical trial. *Child & Adolescent Social Work Journal, 26,* 321-332. http://dx.doi.org/10.1007/s10560-009-0165-1

Dozier, M., Meade, E., & Bernard, K. (2014). Attachment and biobehavioral catch-up: an intervention for parents at risk of maltreating their infants and toddlers. In S. Timmer & A. Urquiza (Eds.), *Evidence-based approaches for the treatment of maltreated children* (pp. 43-59). Dordrecht, Netherlands: Springer. http://dx.doi.org/10.1007/978-94-007-7404-9_4

Dozier, M., Peloso, E., Lindhiem, O., Gordon, M. K., Manni, M., Sepulveda, S., . . . Levine, S. (2006). Developing evidence-based interventions for foster children: An example of a randomized clinical trial with infants and toddlers. *Journal of Social Issues, 62,* 767-785. http://dx.doi.org/10.1111/j.1540-4560.2006.00486.x

Dozier, M., Stoval, K. C., Albus, K. E., & Bates, B. (2001). Attachment for infants in foster care: The role of caregiver state of mind. *Child Development, 72,* 1467-1477. http://dx.doi.org/10.1111/1467-8624.00360

Egger, H. L., & Emde, R. N. (2011). Developmentally sensitive diagnostic criteria for mental health disorders in early childhood: The Diagnostic and Statistical Manual of Mental Disorders-Ⅳ, the Research Diagnostic Criteria-Preschool Age, and the Diagnostic Classification of Mental Health and Developmental Disorders of Infancy and Early Childhood-Revised. *American Psychologist, 66,* 95-106. http://dx.doi.org/10.1037/a0021026

Eigsti, I. M., & Cicchetti, D. (2004). The impact of child maltreatment on expressive syntax at 60 months. *Developmental Science, 7,* 88-102. http://dx.doi.org/10.1111/j.1467-7687.2004.00325.x

Ellis, B. J., Boyce, W. T., Belsky, J., Bakermans-Kranenburg, M. J., & van IJzendoorn, M. H. (2011). Differential susceptibility to the environment: An evolutionary-neurodevelopmental theory. *Development and Psychopathology, 23,* 7-28. http://dx.doi.org/10.1017/S0954579410000611

Entringer, S., Epel, E. S., Kumsta, R., Lin, J., Hellhammer, D. H., Blackburn, E. H., ... Wadhwa, P. D. (2011). Stress exposure in intrauterine life is associated with shorter telomere length in young adulthood. *Proceedings of the National Academy of Sciences of the United States of America, 108,* E513-E518. http://dx.doi.org/10.1073/pnas.1107759108

Essex, M. J., Boyce, W. T., Hertzman, C., Lam, L. L., Armstrong, J. M., Neumann, S. M., & Kobor, M. S. (2013). Epigenetic vestiges of early developmental adversity: Childhood stress exposure and DNA methylation in adolescence. *Child Development, 84,* 58-75. http://dx.doi.org/10.1111/j.1467-8624.2011.01641.x

Evans, G. W. (2004). The environment of childhood poverty. *American Psychologist, 59,* 77-92. http://dx.doi.org/10.1037/0003-066X.59.2.77

Eyberg, S. (1988). Parent-child interaction therapy: Integration of traditional and behavioral concerns. *Child & Family Behavior Therapy, 10,* 33-46. http://dx.doi.org/10.1300/J019v10n01_04

Eyberg, S. M., Chase, R. M., Fernandez, M. A., & Nelson, M. M. (2014). *Dyadic parent-child interaction coding system (DPICS) clinical manual* (4th ed.). Gainesville, FL: PCIT International.

Eyberg, S. M., & Pincus, D. (1999). *Eyberg Child Behavior Inventory and Sutter-Eyberg Student Behavior Inventory-Revised.* Odessa, FL: Psychological Assessment Resources.

Eyberg, S. M., & Ross, A. W. (1978). Assessment of child behavior problems: The validation of a new inventory. *Journal of Clinical Child Psychology, 7,* 113-116. http://dx.doi.org/10.1080/15374417809532835

Feldman, R., Singer, M., & Zagoory, O. (2010). Touch attenuates infants' physiological reactivity to stress. *Developmental Science, 13,* 271-278. http://dx.doi.org/10.1111/j.1467-7687.2009.00890.x

Felitti, V. J., & Anda, R. F. (2010). The relationship of adverse childhood experiences to adult medical disease, psychiatric disorders and sexual behavior: Implications for healthcare. In R. A. Lanius, E. Vermetten, & C. Pain (Eds.), *The impact of early life trauma on health and disease: The hidden epidemic* (pp. 77-87). New York, NY: Cambridge University Press. http://dx.doi.org/10.1017/CBO9780511777042.010

Felitti, V. J., Anda, R. F., Nordenberg, D., Williamson, D. F., Spitz, A. M., Edwards, V., . . . Marks, J. S. (1998). Relationship of childhood abuse and household dysfunction to many of the leading causes of death in adults: The Adverse Childhood Experiences (ACE) Study. *American Journal of Preventive Medicine, 14*, 245-258. http://dx.doi.org/10.1016/S0749-3797(98)00017-8

Fernald, A., Marchman, V. A., & Weisleder, A. (2013). SES differences in language processing skill and vocabulary are evident at 18 months. *Developmental Science, 16*, 234-248. http://dx.doi.org/10.1111/desc.12019

Fernandez, M. A., Butler, A. M., & Eyberg, S. M. (2011). Treatment outcome for low socioeconomic status African American families in parent-child interaction therapy: A pilot study. *Child & Family Behavior Therapy, 33*, 32-48. http://dx.doi.org/10.1080/07317107.2011.545011

Finkelhor, D., Ormrod, R. K., & Turner, H. A. (2007). Poly-victimization: A neglected component in child victimization. *Child Abuse & Neglect, 31*, 7-26. http://dx.doi.org/10.1016/j.chiabu.2006.06.008

Finkelhor, D., Turner, H., Hamby, S. L., & Ormrod, R. (2011). Polyvictimization: Children's exposure to multiple types of violence, crime, and abuse. *Juvenile Justice Bulletin*. Retrieved from https://www.ncjrs.gov/pdffiles1/ojjdp/235504.pdf

Fonagy, P., Cottrell, D., Phillips, J., Bevington, D., Glaser, D., & Allison, E. (2014). *What works for whom? A critical review of treatments for children and adolescents* (2nd ed.). New York, NY: Guilford Press.

Fraiberg, S., Adelson, E., & Shapiro, V. (1975). Ghosts in the nursery: A psychoanalytic approach to the problems of impaired infant-mother relationships. *Journal of the American Academy of Child Psychiatry, 14*, 387-421. http://dx.doi.org/10.1016/S0002-7138(09)61442-4

Franks, B. A. (2011). Moving targets: A developmental framework for understanding children's changes following disasters. *Journal of Applied Developmental Psychology, 32*, 58-69. http://dx.doi.org/10.1016/j.appdev.2010.12.004

Fredrickson, B. L. (2004). The broaden-and-build theory of positive emotions. *Philosophical Transactions of the Royal Society of London: Series B. Biological Sciences, 359*, 1367-1378. http://dx.doi.org/10.1098/rstb.2004.1512

Funderburk, B. W., & Eyberg, S. M. (1989). Psychometric characteristics of the Sutter-Eyberg Student Behavior Inventory: A school behavior rating scale for use with preschool children. *Behavioral Assessment, 11*, 297-313.

Gee, D. G., Gabard-Durnam, L., Telzer, E. H., Humphreys, K. L., Goff, B., Shapiro, M., . . . Tottenham, N. (2014). Maternal buffering of human amygdalaprefrontal circuitry during childhood but not during adolescence. *Psychological Science, 25*, 2067-2078.

http://dx.doi.org/10.1177/0956797614550878

Gee, D. G., Gabard-Durnam, L. J., Flannery, J., Goff, B., Humphreys, K. L., Telzer, E. H., . . . Tottenham, N. (2013a). Early developmental emergence of human amygdala-prefrontal connectivity after maternal deprivation. *Proceedings of the National Academy of Sciences of the United States of America, 110*, 15638-15643. http://dx.doi.org/10.1073/pnas.1307893110

Gee, D. G., Humphreys, K. L., Flannery, J., Goff, B., Telzer, E. H., Shapiro, M., . . . Tottenham, N. (2013b). A developmental shift from positive to negative connectivity in human amygdala-prefrontal circuitry. *Journal of Neuroscience, 33*, 4584-4593.

Ghosh Ippen, C., Ford, J., Racusin, R., Acker, M., Bosquet, M., Rogers, K., . . . Edwards, J. (2002). *Traumatic Events Screening Inventory-Parent Report Revised.* Dartmouth, NH: National Center for PTSD Dartmouth Child Trauma Research Group.

Ghosh Ippen, C., & Lewis, M. L. (2011). "They just don't get it": A diversityinformed approach to understanding engagement. In J. D. Osofsky (Ed.), *Clinical work with traumatized young children* (pp. 31-52). New York, NY: Guilford Press.

Graham, A. M., Fisher, P. A., & Pfeifer, J. H. (2013). What sleeping babies hear: A functional MRI study of interparental conflict and infants' emotion processing. *Psychological Science, 24*, 782-789. http://dx.doi.org/10.1177/0956797612458803

Green, J. G., McLaughlin, K. A., Berglund, P. A., Gruber, M. J., Sampson, N. A., Zaslavsky, A. M., & Kessler, R. C. (2010). Childhood adversities and adult psychiatric disorders in the national comorbidity survey replication I: Associations with first onset of DSM-IV disorders. *Archives of General Psychiatry, 67*, 113-123. http://dx.doi.org/10.1001/archgenpsychiatry.2009.186

Gross, J. J. (2013). Emotion regulation: Taking stock and moving forward. *Emotion, 13*, 359-365. http://dx.doi.org/10.1037/a0032135

Groves, B. M., Zuckerman, B., Marans, S., & Cohen, D. J. (1993). Silent victims: Children who witness violence. *JAMA, 269*, 262-264. http://dx.doi.org/10.1001/jama.1993.03500020096039

Gunnar, M., & Quevedo, K. (2007). The neurobiology of stress and development. *Annual Review of Psychology, 58*, 145-173. http://dx.doi.org/10.1146/annurev.psych.58.110405.085605

Hakman, M., Chaffin, M., Funderburk, B., & Silovsky, J. F. (2009). Change trajectories for parent-child interaction sequences during parent-child interaction therapy for child physical abuse. *Child Abuse & Neglect, 33*, 461-470. http://dx.doi.org/10.1016/j.chiabu.2008.08.003

Halle, T., Forry, N., Hair, E., Perper, K., Wandner, L., Wessel, J., & Vick, J. (2009). *Disparities in early learning and development: Lessons from the Early Childhood Longitudinal Study-Birth Cohort (ECLS-B).* Washington, DC: Child Trends.

Hamby, S., Finkelhor, D., Turner, H., & Ormrod, R. (2011). Children's exposure to intimate partner violence and other family violence. *Juvenile Justice Bulletin.*

Retrieved from https://www.ncjrs.gov/pdffiles1/ojjdp/232272.pdf

Hancock, K. J., Mitrou, F., Shipley, M., Lawrence, D., & Zubrick, S. R. (2013). A three generation study of the mental health relationships between grandparents, parents and children. *BMC Psychiatry, 13,* 299. http://dx.doi.org/10.1186/1471-244X-13-299

Hanf, C. (1969, June). *A two-stage program for modifying maternal controlling during mother-child (M-C) interaction.* Paper presented at the Western Psychological Association Meeting, Vancouver, Canada.

Hart, B. B., & Risley, T. R. (2003). The early catastrophe: The 30 million word gap. *American Educator, 27,* 4-9.

Hayes, L. J., Goodman, S. H., & Carlson, E. (2013). Maternal antenatal depression and infant disorganized attachment at 12 months. *Attachment & Human Development, 15,* 133-153. http://dx.doi.org/10.1080/14616734.2013.743256

Health Federation of Philadelphia. (2016). *The Philadelphia Urban ACE Study.* Retrieved from http://healthfederation.org/ACEs

Hesse, E., & Main, M. (1999). Second-generation effects of unresolved trauma in nonmaltreating parents: Dissociated, frightened, and threatening parental behavior. *Psychoanalytic Inquiry, 19,* 481-540. http://dx.doi.org/10.1080/07351699909534265

Hodel, A. S., Hunt, R. H., Cowell, R. A., Van Den Heuvel, S. E., Gunnar, M. R., & Thomas, K. M. (2015). Duration of early adversity and structural brain development in post-institutionalized adolescents. *NeuroImage, 105,* 112-119. http://dx.doi.org/10.1016/j.neuroimage.2014.10.020

Hood, K. K., & Eyberg, S. M. (2003). Outcomes of parent-child interaction therapy: Mothers' reports of maintenance three to six years after treatment. *Journal of Clinical Child and Adolescent Psychology, 32,* 419-429. http://dx.doi.org/10.1207/S15374424JCCP3203_10

Howard, M. L., & Tener, R. R. (2008). Children who have been traumatized: One court's response. *Juvenile & Family Court Journal, 59,* 21-34. http://dx.doi.org/10.1111/j.1755-6988.2008.00019.x

Hughes, C. H., & Ensor, R. A. (2009). How do families help or hinder the emergence of early executive function? *New Directions in Child and Adolescent Development, 123,* 35-50.

Humphreys, K. L., & Zeanah, C. H. (2015). Deviations from the expectable environment in early childhood and emerging psychopathology. *Neuropsychopharmacology, 40,* 154-170. http://dx.doi.org/10.1038/npp.2014.165

Isaksson, J., Nilsson, K. W., Nyberg, F., Hogmark, Å., & Lindblad, F. (2012). Cortisol levels in children with attention-deficit/hyperactivity disorder. *Journal of Psychiatric Research, 46,* 1398-1405. http://dx.doi.org/10.1016/j.jpsychires.2012.08.021

Jaffee, S. R., Bowes, L., Ouellet-Morin, I., Fisher, H. L., Moffitt, T. E., Merrick, M. T., & Aresenault, L. (2013). Safe, stable, nurturing relationships break the intergenerational cycle of abuse: A prospective nationally representative cohort of children in the United Kingdom. *Journal of Adolescent Health, 53*, S4-S10. http://dx.doi.org/10.1016/j.jadohealth.2013.04.007

Jaffee, S. R., McFarquhar, T., Stevens, S., Ouellet-Morin, I., Melhuish, E., & Belsky, J. (2015). Interactive effects of early and recent exposure to stressful contexts on cortisol reactivity in middle childhood. *Journal of Child Psychology and Psychiatry, 56*, 138-146. http://dx.doi.org/10.1111/jcpp.12287

Jedd, K., Hunt, R. H., Cicchetti, D., Hunt, E., Cowell, R. A., Rogosch, F. A., . . . Thomas, K. M. (2015). Long-term consequences of childhood maltreatment: Altered amygdala functional connectivity. *Development and Psychopathology, 27*, 1577-1589. http://dx.doi.org/10.1017/S0954579415000954

Kendall-Tackett, K. (2002). The health effects of childhood abuse: Four pathways by which abuse can influence health. *Child Abuse & Neglect, 26*, 715-729. http://dx.doi.org/10.1016/S0145-2134(02)00343-5

Knudsen, E. I., Heckman, J. J., Cameron, J. L., & Shonkoff, J. P. (2006). Economic, neurobiological, and behavioral perspectives on building America's future workforce. *Proceedings of the National Academy of Sciences of the United States of America, 103*, 10155-10162. http://dx.doi.org/10.1073/pnas.0600888103

Ko, S. J., Ford, J. D., Kassam-Adams, N., Berkowitz, S. J., Wilson, C., Wong, M., . . . Layne, C. M. (2008). Creating trauma-informed systems: Child welfare, education, first responders, health care, juvenile justice. *Professional Psychology: Research and Practice, 39*, 396-404. http://dx.doi.org/10.1037/0735-7028.39.4.396

Kochanska, G. (2001). Emotional development in children with different attachment histories: The first three years. *Child Development, 72*, 474-490. http://dx.doi.org/10.1111/1467-8624.00291

Kuhlman, K. R., Geiss, E. G., Vargas, I., & Lopez-Duran, N. L. (2015). Differential associations between childhood trauma subtypes and adolescent HPA-axis functioning. *Psychoneuroendocrinology, 54*, 103-114. http://dx.doi.org/10.1016/j.psyneuen.2015.01.020

Landreth, G. L. (1983). Play therapy in elementary school settings. In C. E. Schaefer & K. J. O'Connor (Eds.), *Handbook of play therapy* (pp. 200-212). New York, NY: Wiley.

Langevin, R., Hébert, M., & Cossette, L. (2015). Emotion regulation as a mediator of the relation between sexual abuse and behavior problems in preschoolers. *Child Abuse & Neglect, 46*, 16-26. http://dx.doi.org/10.1016/j.chiabu.2015.02.001

Lanier, P., Kohl, P. L., Benz, J., Swinger, D., & Drake, B. (2014). Preventing maltreatment with a community-based implementation of parent-child interaction therapy. *Journal of Child and Family Studies, 23*, 449-460. http://dx.doi.org/10.1007/s10826-012-9708-8

Lansford, J. E., Sharma, C., Malone, P. S., Woodlief, D., Dodge, K. A., Oburu, P., . . . Di Giunta, L. (2014). Corporal punishment, maternal warmth, and child adjustment: A longitudinal study in eight countries. *Journal of Clinical Child and Adolescent Psychology, 43*, 670-685. http://dx.doi.org/10.1080/15374416.2014.893518

LeMoult, J., Chen, M. C., Foland-Ross, L. C., Burley, H. W., & Gotlib, I. H. (2015). Concordance of mother-daughter diurnal cortisol production: Understanding the intergenerational transmission of risk for depression. *Biological Psychology, 108*, 98-104. http://dx.doi.org/10.1016/j.biopsycho.2015.03.019

Leung, C., Tsang, S., Heung, K., & Yiu, I. (2009). Effectiveness of parent-child interaction therapy (PCIT) Among Chinese Families. *Research on Social Work Practice, 19*, 304-313. http://dx.doi.org/10.1177/1049731508321713

Lewis, M., & Ghosh Ippen, C. (2004). Rainbow of tears, souls full of hope: Cultural issues related to young children and trauma. In J. D. Osofsky (Ed.), *Young children and trauma: Intervention and treatment* (pp. 11-46). New York, NY: Guilford Press.

Lewis-Morrarty, E., Dozier, M., Bernard, K., Terracciano, S. M., & Moore, S. V. (2012). Cognitive flexibility and theory of mind outcomes among foster children: Preschool follow-up results of a randomized clinical trial. *Journal of Adolescent Health, 51*, S17-S22. http://dx.doi.org/10.1016/j.jadohealth.2012.05.005

Lieberman, A. F. (1990). Culturally sensitive interventions in children and families. *Child and Adolescent Social Work Journal, 7*, 101-120. http://dx.doi.org/10.1007/BF00757648

Lieberman, A. F., Ghosh Ippen, C., & Van Horn, P. (2006). Child-parent psychotherapy: 6-month follow-up of a randomized controlled trial. *Journal of the American Academy of Child & Adolescent Psychiatry, 45*, 913-918. http://dx.doi.org/10.1097/01.chi.0000222784.03735.92

Lieberman, A. F., Ghosh Ippen, C., & Van Horn, P. (2015). *Don't hit my mommy! A manual for child-parent psychotherapy with young children exposed to violence and other trauma* (2nd ed.). Washington, DC: ZERO TO THREE.（渡辺久子監訳、佐藤恵美子、京野尚子、田中祐子、小室愛枝訳『虐待・DV・トラウマにさらされた親子への支援―子ども‐親心理療法』日本評論社、2016）

Lieberman, A. F., Padrón, E., Van Horn, P., & Harris, W. W. (2005). Angels in the nursery: The intergenerational transmission of benevolent parental influences. *Infant Mental Health Journal, 26*, 504-520. http://dx.doi.org/10.1002/imhj.20071

Lieberman, A. F., & Van Horn, P. (2005). *Don't hit my mommy! A manual for child-parent psychotherapy with young witnesses of family violence*. Washington, DC: ZERO TO THREE.

Lieberman, A. F., & Van Horn, P. (2008). *Psychotherapy with infants and young children: Repairing the effects of stress and trauma on early attachment*. New York, NY: Guilford Press.（青木紀久代監訳、門脇陽子、森田由美訳『子ども‐親心理療法―トラウマを受けた早期愛着関係の修復』福村出版、2014）

Lieberman, A. F., Van Horn, P., & Ghosh Ippen, C. (2005). Toward evidence-based treatment: Child-parent psychotherapy with preschoolers exposed to marital violence. *Journal of the American Academy of Child & Adolescent Psychiatry, 44*, 1241-1248. http://dx.doi.org/10.1097/01.chi.0000181047.59702.58

Lieberman, A. F., Weston, D. R., & Pawl, J. H. (1991). Preventive intervention and outcome with anxiously attached dyads. *Child Development, 62*, 199-209. http://dx.doi.org/10.2307/1130715

Lind, T., Bernard, K., Ross, E., & Dozier, M. (2014). Intervention effects on negative affect of CPS-referred children: Results of a randomized clinical trial. *Child Abuse & Neglect, 38*, 1459-1467. http://dx.doi.org/10.1016/j.chiabu.2014.04.004

Luby, J., Belden, A., Botteron, K., Marrus, N., Harms, M. P., Babb, C., . . . Barch, D. (2013). The effects of poverty on childhood brain development: The mediating effect of caregiving and stressful life events. *JAMA Pediatrics, 167*, 1135-1142. http://dx.doi.org/10.1001/jamapediatrics.2013.3139

Lupien, S. J., Parent, S., Evans, A. C., Tremblay, R. E., Zelazo, P. D., Corbo, V., . . . Séguin, J. R. (2011). Larger amygdala but no change in hippocampal volume in 10-year-old children exposed to maternal depressive symptomatology since birth. *Proceedings of the National Academy of Sciences of the United States of America, 108*, 14324-14329. http://dx.doi.org/10.1073/pnas.1105371108

Lyons-Ruth, K., & Block, D. (1996). The disturbed caregiving system: Relations among childhood trauma, maternal caregiving, and infant affect and attachment. *Infant Mental Health Journal, 17*, 257-275. http://dx.doi.org/10.1002/(SICI)1097-0355(199623)17:3<257::AID-IMHJ5>3.0.CO;2-L

Masten, A. S., Narayan, A. J., Silverman, W. K., & Osofsky, J. D. (2015). Children in war and disaster. In R. M. Lerner (Ed.), *Handbook of child psychology and developmental science: Vol. 4. Ecological settings and processes in developmental systems* (7th ed., pp. 704-745). New York, NY: Wiley. http://dx.doi.org/10.1002/9781118963418.childpsy418

Masten, A. S., & Osofsky, J. D. (2010). Disasters and their impact on child development: Introduction to the special section. *Child Development, 81*, 1029-1039. http://dx.doi.org/10.1111/j.1467-8624.2010.01452.x

Masten, A. S., & Tellegen, A. (2012). Resilience in developmental psychopathology: Contributions of the Project Competence Longitudinal Study. *Development and Psychopathology, 24*, 345-361. http://dx.doi.org/10.1017/S095457941200003X

Maughan, A., & Cicchetti, D. (2002). Impact of child maltreatment and interadult violence on children's emotion regulation abilities and socioemotional adjustment. *Child Development, 73*, 1525-1542. http://dx.doi.org/10.1111/1467-8624.00488

McCabe, K. M., Yeh, M., Garland, A. F., Lau, A. S., & Chavez, G. (2005). The GANA program: A tailoring approach to adapting parent-child interaction therapy for Mexican Americans. *Education & Treatment of Children, 28*, 111-129.

McCrory, E., De Brito, S. A., & Viding, E. (2010). Research review: The neurobiology and genetics of maltreatment and adversity. *Journal of Child Psychology and*

Psychiatry, 51, 1079-1095. http://dx.doi.org/10.1111/j.1469-7610.2010.02271.x

McEwen, B. S., Gray, J. D., & Nasca, C. (2015). Recognizing resilience: Learning from the effects of stress on the brain. *Neurobiology of Stress, 1,* 1-11. http://dx.doi.org/10.1016/j.ynstr.2014.09.001

McEwen, B. S., & Wingfield, J. C. (2003). The concept of allostasis in biology and biomedicine. *Hormones and Behavior, 43,* 2-15. http://dx.doi.org/10.1016/S0018-506X(02)00024-7

McLaughlin, K. A., Sheridan, M. A., Tibu, F., Fox, N. A., Zeanah, C. H., & Nelson, C. A., III. (2015). Causal effects of the early caregiving environment on development of stress response systems in children. *Proceedings of the National Academy of Sciences of the United States of America, 112,* 5637-5642. http://dx.doi.org/10.1073/pnas.1423363112

McNeil, C. B., Eyberg, S. M., Hembree Eisenstadt, T. H., Newcomb, K., & Funderburk, B. (1991). Parent-child interaction therapy with behavior problem children: Generalization of treatment effects to the school setting. *Journal of Clinical Child Psychology, 20,* 140-151. http://dx.doi.org/10.1207/s15374424jccp2002_5

McNeil, C. B., & Hembree-Kigin, T. L. (2010). *Parent-child interaction therapy.* New York, NY: Springer. http://dx.doi.org/10.1007/978-0-387-88639-8

McNeil, C. B., Herschell, A. D., Gurwitch, R. H., & Clemens-Mowrer, L. (2005). Training foster parents in parent-child interaction therapy. *Education & Treatment of Children, 28,* 182-196.

Meade, E. B., Dozier, M., & Bernard, K. (2014). Using video feedback as a tool in training parent coaches: Promising results from a single-subject design. *Attachment & Human Development, 16,* 356-370. http://dx.doi.org/10.1080/14616734.2014.912488

Mehta, M. A., Golembo, N. I., Nosarti, C., Colvert, E., Mota, A., Williams, S. C., . . . Sonuga-Barke, E. J. (2009). Amygdala, hippocampal and corpus callosum size following severe early institutional deprivation: The English and Romanian Adoptees Study pilot. *Journal of Child Psychology and Psychiatry, 50,* 943-951. http://dx.doi.org/10.1111/j.1469-7610.2009.02084.x

Mersky, J. P., Topitzes, J., Janczewski, C. E., & McNeil, C. B. (2015). Enhancing foster parent training with parent-child interaction therapy: Evidence from a randomized field experiment. *Journal of the Society for Social Work and Research, 6,* 591-616. http://dx.doi.org/10.1086/684123

Mikulincer, M., Shaver, P., & Pereg, D. (2003). Attachment theory and affect regulation: The dynamics, development, and cognitive consequences of attachmentrelated strategies. *Motivation and Emotion, 27,* 77-102. http://dx.doi.org/10.1023/A:1024515519160

Miller, F. G. (2009). The randomized controlled trial as a demonstration project: An ethical perspective. *The American Journal of Psychiatry, 166,* 743-745. http://dx.doi.org/10.1176/appi.ajp.2009.09040538

Miller, W. R., & Rollnick, S. (1991). *Motivational interviewing: Preparing people to change addictive behavior.* New York, NY: Guilford Press. (松島義博、後藤恵訳『動機づけ面接法　基礎・実践編』星和書店、2007)

Millum, J., & Emanuel, E. J. (2007). The ethics of international research with abandoned children. *Science, 318*, 1874-1875. http://dx.doi.org/10.1126/science.1153822

National Scientific Council on the Developing Child. (2011). *Building the brain's "air traffic control" system: How early experiences shape the development of executive function.* Retrieved from https://developingchild.harvard.edu/wp-content/uploads/2011/05/How-Early-Experiences-Shape-the-Development-of-Executive-Function.pdf

National Scientific Council on the Developing Child. (2012). *The science of neglect: The persistent absence of responsive care disrupts the developing brain.* Retrieved from http://developingchild.harvard.edu/wp-content/uploads/2012/05/The-Science-of-Neglect-The-Persistent-Absence-of-Responsive-Care-Disrupts-the-Developing-Brain.pdf

Nelson, C. A., Fox, N. A., & Zeanah, C. H. (2014). *Romania's abandoned children: Deprivation, brain development and the struggle for recovery.* Cambridge, MA: Harvard University Press. http://dx.doi.org/10.4159/harvard.9780674726079

Nixon, R. D. V., Sweeney, L., Erickson, D. B., & Touyz, S. W. (2003). Parent-child interaction therapy: A comparison of standard and abbreviated treatments for oppositional defiant preschoolers. *Journal of Consulting and Clinical Psychology, 71*, 251-260. http://dx.doi.org/10.1037/0022-006X.71.2.251

Ondersma, S. J. (2002). Predictors of neglect within low-SES families: The importance of substance abuse. *American Journal of Orthopsychiatry, 72*, 383-391. http://dx.doi.org/10.1037/0002-9432.72.3.383

Osofsky, J. D. (1995). The effects of exposure to violence on young children. *American Psychologist, 50*, 782-788. http://dx.doi.org/10.1037/0003-066X.50.9.782

Osofsky, J. D. (2011). *Clinical work with traumatized young children.* New York, NY: Guilford Press.

Osofsky, J. D. (2016). Infant mental health. In J. Norcross, M. Domenech-Rodriguez, & D. Freedheim (Eds.), *APA handbook of clinical psychology* (pp. 43-58). Washington, DC: American Psychological Association.

Osofsky, J. D., Cohen, G., & Drell, M. (1995). The effects of trauma on young children: A case of 2-year-old twins. *The International Journal of Psychoanalysis, 76*, 595-607.

Osofsky, J. D., Drell, M. J., Osofsky, H. J., Hansel, T. C., & Williams, A. (2017). Infant mental health training for child and adolescent psychiatry: A comprehensive model. *Academic Psychiatry, 41*, 592-595. http://dx.doi.org/10.1007/s40596-016-0609-9

Osofsky, J. D., & Lieberman, A. F. (2011). A call for integrating a mental health perspective into systems of care for abused and neglected infants and young children. *American Psychologist, 66*, 120-128. http://dx.doi.org/10.1037/a0021630

Osofsky, J. D., & Weatherston, D. J. (Eds.). (2016). Advances in reflective supervision and consultation: Pushing boundaries and integrating new ideas into training and practice [Special issue]. *Infant Mental Health Journal, 37*, 599-727.

Pat-Horenczyk, R., Cohen, S., Ziv, Y., Achituv, M., Asulin-Peretz, L., Blanchard, T. R., ... Brom, D. (2015). Emotion regulation in mothers and young children faced with trauma. *Infant Mental Health Journal, 36*, 337-348. http://dx.doi.org/10.1002/imhj.21515

Patterson, G. R. (1982). *Coercive family process*. Eugene, OR: Castalia.

Pears, K. C., & Capaldi, D. M. (2001). Intergenerational transmission of abuse: A two-generational prospective study of an at-risk sample. *Child Abuse & Neglect, 25*, 1439-1461. http://dx.doi.org/10.1016/S0145-2134(01)00286-1

Pechtel, P., & Pizzagalli, D. A. (2011). Effects of early life stress on cognitive and affective function: An integrated review of human literature. *Psychopharmacology, 214*, 55-70. http://dx.doi.org/10.1007/s00213-010-2009-2

Perry, B. D., & Pollard, R. (1997, October). *Altered brain development following global neglect in early childhood*. Paper presented at the meeting of the Society for Neuroscience, New Orleans, LA.

Rhoades, B. L., Greenberg, M. T., Lanza, S. T., & Blair, C. (2011). Demographic and familial predictors of early executive function development: Contribution of a person-centered perspective. *Journal of Experimental Child Psychology, 108*, 638-662. http://dx.doi.org/10.1016/j.jecp.2010.08.004

Rid, A. (2012). When is research socially valuable? Lessons from the Bucharest Early Intervention Project: Commentary on a case study in the ethics of mental health research. *Journal of Nervous and Mental Disease, 200*, 248-249.

Rifkin-Graboi, A., Kong, L., Sim, L. W., Sanmugam, S., Broekman, B. F. P., Chen, H., . . . Qiu, A. (2015). Maternal sensitivity, infant limbic structure volume and functional connectivity: A preliminary study. *Translational Psychiatry, 5*, e668. http://dx.doi.org/10.1038/tp.2015.133

Roben, C. K. P., Dozier, M., Caron, E. B., & Bernard, K. (2017). Moving an evidence-based parenting program into the community. *Child Development, 88*, 1447-1452.

Roberts, A. L., Chen, Y., Slopen, N., McLaughlin, K. A., Koenen, K. C., & Austin, S. B. (2015). Maternal experience of abuse in childhood and depressive symptoms in adolescent and adult offspring: A 21-year longitudinal study. *Depression and Anxiety, 32*, 709-719. http://dx.doi.org/10.1002/da.22395

Schuhmann, E. M., Foote, R. C., Eyberg, S. M., Boggs, S. R., & Algina, J. (1998). Efficacy of parent-child interaction therapy: Interim report of a randomized trial with short-term maintenance. *Journal of Clinical Child Psychology, 27*, 34-45. http://dx.doi.org/10.1207/s15374424jccp2701_4

Shalev, I., Entringer, S., Wadhwa, P. D., Wolkowitz, O. M., Puterman, E., Lin, J., & Epel, E. S. (2013). Stress and telomere biology: A lifespan perspective. *Psychoneuroendocrinology, 38*, 1835-1842. http://dx.doi.org/10.1016/j.psyneuen.2013.03.010

Shonkoff, J. P., Garner, A. S., Committee on Psychosocial Aspects of Child and Family Health, Committee on Early Childhood, Adoption, and Dependent Care, Section on Developmental and Behavioral Pediatrics. (2012). The lifelong effects of early childhood adversity and toxic stress. *Pediatrics, 129*, e232-e246. http://dx.doi.org/10.1542/peds.2011-2663

Snyder, H. N. (2000). *Sexual assault of young children as reported to law enforcement: Victim, incident, and offender characteristics*. Retrieved from https://www.bjs.gov/content/pub/pdf/saycrle.pdf

Solomon, M., Ono, M., Timmer, S., & Goodlin-Jones, B. (2008). The effectiveness of parent-child interaction therapy for families of children on the autism spectrum. *Journal of Autism and Developmental Disorders, 38*, 1767-1776. http://dx.doi.org/10.1007/s10803-008-0567-5

Stoltenborgh, M., Bakermans-Kranenburg, M. J., Alink, L. R. A., & van IJzendoorn, M. H. (2012). The universality of childhood emotional abuse: A meta-analysis of worldwide prevalence. *Journal of Aggression, Maltreatment & Trauma, 21*, 870-890. http://dx.doi.org/10.1080/10926771.2012.708014

Stoltenborgh, M., Bakermans-Kranenburg, M. J., & van IJzendoorn, M. H. (2013). The neglect of child neglect: A meta-analytic review of the prevalence of neglect. *Social Psychiatry and Psychiatric Epidemiology, 48*, 345-355. http://dx.doi.org/10.1007/s00127-012-0549-y

Stovall, K. C., & Dozier, M. (2000). The development of attachment in new relationships: Single subject analyses for 10 foster infants. *Development and Psychopathology, 12*, 133-156. http://dx.doi.org/10.1017/S0954579400002029

Stronach, E. P., Toth, S. L., Rogosch, F., & Cicchetti, D. (2013). Preventive interventions and sustained attachment security in maltreated children. *Development and Psychopathology, 25*, 919-930. http://dx.doi.org/10.1017/S0954579413000278

Teicher, M. H., & Samson, J. A. (2016). Annual research review: Enduring neurobiological effects of childhood abuse and neglect. *Journal of Child Psychology and Psychiatry, 57*, 241-266. http://dx.doi.org/10.1111/jcpp.12507

Thomas, R., & Zimmer-Gembeck, M. J. (2011). Accumulating evidence for parent-child interaction therapy in the prevention of child maltreatment. *Child Development, 82*, 177-192. http://dx.doi.org/10.1111/j.1467-8624.2010.01548.x

Thomas, R., & Zimmer-Gembeck, M. J. (2012). Parent-child interaction therapy: An evidence-based treatment for child maltreatment. *Child Maltreatment, 17*, 253-266. http://dx.doi.org/10.1177/1077559512459555

Timmer, S. G., Urquiza, A. J., & Zebell, N. (2006). Challenging foster caregiver-maltreated child relationships: The effectiveness of parent-child interaction therapy. *Children and Youth Services Review, 28*, 1-19. http://dx.doi.org/10.1016/j.childyouth.2005.01.006

Timmer, S. G., Urquiza, A. J., Zebell, N. M., & McGrath, J. M. (2005). Parent-child interaction therapy: Application to maltreating parent-child dyads. *Child Abuse & Neglect, 29*, 825-842. http://dx.doi.org/10.1016/j.chiabu.2005.01.003

Timmer, S. G., Ware, L. M., Urquiza, A. J., & Zebell, N. M. (2010). The effectiveness of parent-child interaction therapy for victims of interparental violence. *Violence and Victims, 25*, 486-503. http://dx.doi.org/10.1891/0886-6708.25.4.486

Toth, S. L., & Cicchetti, D. (2013). A developmental psychopathology perspective on child maltreatment. *Child Maltreatment, 18*, 135-139. http://dx.doi.org/10.1177/1077559513500380

Toth, S. L., Maughan, A., Manly, J. T., Spagnola, M., & Cicchetti, D. (2002). The relative efficacy of two interventions in altering maltreated preschool children's representational models: Implications for attachment theory. *Development and Psychopathology, 14*, 877-908. http://dx.doi.org/10.1017/S095457940200411X

Toth, S. L., Rogosch, F. A., Manly, J. T., & Cicchetti, D. (2006). The efficacy of toddler-parent psychotherapy to reorganize attachment in the young offspring of mothers with major depressive disorder: A randomized preventive trial. *Journal of Consulting and Clinical Psychology, 74*, 1006-1016. http://dx.doi.org/10.1037/0022-006X.74.6.1006

Tottenham, N., Hare, T. A., Quinn, B. T., McCarry, T. W., Nurse, M., Gilhooly, T., . . . Casey, B. J. (2010). Prolonged institutional rearing is associated with atypically large amygdala volume and difficulties in emotion regulation. *Developmental Science, 13*, 46-61. http://dx.doi.org/10.1111/j.1467-7687.2009.00852.x

Tronick, E., Als, H., Adamson, L., Wise, S., & Brazelton, B. (1978). The infant's response to entrapment between contradictory messages in face-to-face interaction. *Journal of the American Academy of Child Psychiatry, 17*, 1-13. http://dx.doi.org/10.1016/S0002-7138(09)62273-1

Tronick, E., & Beeghly, M. (2011). Infants' meaning-making and the development of mental health problems. *American Psychologist, 66*, 107-119. http://dx.doi.org/10.1037/a0021631

UC Davis Children's Hospital. (2016). *PCIT web course*. Retrieved from http://pcit.ucdavis.edu/pcit-web-course/

Urquiza, A. J., & McNeil, C. B. (1996). Parent-child interaction therapy: An intensive dyadic intervention for physically abusive families. *Child Maltreatment, 1*, 134-144. http://dx.doi.org/10.1177/1077559596001002005

Urquiza, A. J., & Timmer, S. G. (2014). Parent-child interaction therapy for maltreated children. In S. G. Timmer & A. J. Urquiza (Eds.), *Evidence-based approaches for the treatment of maltreated children* (pp. 123-144). New York, NY: Springer. http://dx.doi.org/10.1007/978-94-007-7404-9_8

U.S. Department of Health and Human Services, Administration for Children and Families, Administration on Children, Youth and Families, Children's Bureau. (2015). *Child maltreatment 2013*. Retrieved from http://www.acf.hhs.gov/programs/cb/research-data-technology/statistics-research/child-maltreatment

Vachon, D. D., Krueger, R. F., Rogosch, F. A., & Cicchetti, D. (2015). Assessment of the harmful psychiatric and behavioral effects of different forms of child maltreatment. *JAMA Psychiatry, 72*, 1135-1142. http://dx.doi.org/10.1001/jamapsychiatry.2015.1792

Van den Bergh, B. R. H. (2011). Developmental programming of early brain and behaviour development and mental health: A conceptual framework. *Developmental Medicine and Child Neurology, 53*, 19-23. http://dx.doi.org/10.1111/j.1469-8749.2011.04057.x

van IJzendoorn, M. H. (1995). Adult attachment representations, parental responsiveness, and infant attachment: A meta-analysis on the predictive validity of the Adult Attachment Interview. *Psychological Bulletin, 117*, 387-403. http://dx.doi.org/10.1037/0033-2909.117.3.387

van IJzendoorn, M. H., Schuengel, C., & Bakermans-Kranenburg, M. J. (1999). Disorganized attachment in early childhood: Meta-analysis of precursors, concomitants, and sequelae. *Development and Psychopathology, 11*, 225-250. http://dx.doi.org/10.1017/S0954579499002035

Votruba-Drzal, E., Miller, P., & Coley, R. L. (2016). Poverty, urbanicity, and children's development of early academic skills. *Child Development Perspectives, 10*, 3-9. http://dx.doi.org/10.1111/cdep.12152

Wagner, S. (2010). Research on PCIT. In C. B. McNeil & T. L. Hembree-Kigin (Eds.), *Parent-child interaction therapy* (pp. 17-29). New York, NY: Springer.

Ware, L., & Herschell, A. (2010). Child physical abuse. In C. B. McNeil & T. L. Hembree-Kigin (Eds.), *Parent-child interaction therapy* (pp. 255-284). New York, NY: Springer.

Waters, S. F., West, T. V., & Mendes, W. B. (2014). Stress contagion: Physiological covariation between mothers and infants. *Psychological Science, 25*, 934-942. http://dx.doi.org/10.1177/0956797613518352

Weems, C. F., & Carrion, V. G. (2007). The association between PTSD symptoms and salivary cortisol in youth: The role of time since the trauma. *Journal of Traumatic Stress, 20*, 903-907. http://dx.doi.org/10.1002/jts.20251

Welsh, J. A., Nix, R. L., Blair, C., Bierman, K. L., & Nelson, K. E. (2010). The development of cognitive skills and gains in academic school readiness for children from low-income families. *Journal of Educational Psychology, 102*, 43-53. http://dx.doi.org/10.1037/a0016738

Widom, C. S. (1989). Does violence beget violence? A critical examination of the literature. *Psychological Bulletin, 106*, 3-28. http://dx.doi.org/10.1037/0033-2909.106.1.3

Wilson, S. R., Rack, J. J., Shi, X., & Norris, A. M. (2008). Comparing physically abusive, neglectful, and non-maltreating parents during interactions with their children: A meta-analysis of observational studies. *Child Abuse & Neglect, 32*, 897-911. http://dx.doi.org/10.1016/j.chiabu.2008.01.003

Zeanah, C. H., Fox, N. A., & Nelson, C. A. (2012). The Bucharest Early Intervention Project: Case study in the ethics of mental health research. *Journal of Nervous and Mental Disease, 200*, 243-247.

ZERO TO THREE. (2005). DC: 0-3R: *Diagnostic classification of mental health and developmental disorders of infancy and early childhood* (Rev.). Washington, DC: Author.

ZERO TO THREE. (2012). *Frequently asked questions about brain development.* Retrieved from https://www.zerotothree.org/resources/series/frequently-asked-questions-about-brain-development

事項索引

A-Z
DNA のメチル化　44, 45
DON'T スキル　109
DPICS-Ⅳ（Dyadic Parent-Child Interaction Coding System-Ⅳ）　105, 106
DV　22, 23, 24, 36-37, 66, 113-114, 132
PRIDE スキル　107, 109

あ行
アーヴィング・ハリス基金　18, 142
愛情深い世話　87, 88, 89, 91, 93-94, 96, 97
愛着　70, 87
　――関係　56-58
　――行動　98
　――システム　63, 64
　――スタイル　57
　　回避型の――　56, 57
　　混乱型の――　57, 58
　　抵抗型の――　56, 57
　　不安型の――　56, 58
　――対象　57, 64, 72
　――の型　86
　――理論　56, 70, 85
　　安定型――　67, 86, 87, 98
　　混乱型――　57, 58, 67, 85, 86, 88, 98, 134
　　不安型――　65
アイバーグ子どもの行動評価尺度（Eyberg Child Behavior Inventory：ECBI）　105, 106
赤ちゃんの安全促進裁判所チーム（Safe Babies Court Teams：SBCT）　142
赤ちゃんの代弁　77, 143
足場　47, 48, 91
　認知的――　54
アセスメント　71-73, 92-93, 104-107, 116-117
遊び　19, 70, 78, 117
　象徴的な――　69
アメリカ合衆国司法省（U.S. Department of Justice）　36
アメリカ合衆国保健福祉省（U.S. Department of Health and Human Services：DHHS）　33, 35
アメリカ国立子どもトラウマティックストレス・ネットワーク（National Child Traumatic Stress Network：NCTSN）　20, 143
アメリカ心理学会第56部門（トラウマ心理学）　10
アメリカ乳幼児・家族センターゼロトゥースリー（ZERO TO THREE: National Center for Infants, Toddlers and Families）　141
アロスタティック過剰負荷　38
安全感　56
威圧理論　102

169

インテーク面接　105
エピジェネティック・プログラミング　44
親指向相互交流　107, 109, 118-119
親の感受性　87
親のコーチ　90, 91, 92
親リード遊び場面　106

か行

外在化　41, 54, 56, 101
改訂版サッター‐アイバーグ児童生徒の行動評価尺度（Sutter-Eyberg Student Behavior Inventory-Revised）　105
介入の糸口　64, 70, 74, 76-79
介入の領域　76-79
海馬　43, 44
『隠された危機』　24
「拡張‐形成」サイクル　37
「過去からの声」　96
家族のリスク要因　46, 48, 49
虐待のサイクル　55, 110
逆境的体験　17, 23-25, 143
共同調整　53, 54, 57
限界設定　102, 139
言語の発達　46, 47
攻撃行動　36
攻撃性　79-81
攻撃的な行動　79, 80, 136
行動観察　19
行動障害　104
　　破壊的──　103
行動マネジメント戦略　101
子ども指向相互交流　107, 117-118
子ども時代の逆境の体験に関する研究（Adverse Childhood Experiences Study）　17, 23-25
子どもの行動チェックリスト──調整不全プロファイル（Child Behavior Checklist-Dysregulation Profile）　54
子どものリード　95

子どもリード遊び場面　105
コルチゾール　38, 40, 41, 43, 45, 66, 99, 100
怖がらせる行動　88-89, 96, 98

さ行

サーブとリターン　87
避ける行為　109
差次感受性　39
里親養育　114-115
自己動機づけの強化モジュール　113, 131
視床下部‐下垂体‐副腎系　38-41, 66, 89, 99, 100
実行機能　48, 49, 99
　　──スキル　46
自動的な反応　96
児童保護局（Child Protective Services）　33, 34, 35, 98, 99, 100
自閉症スペクトラム障害　104
社会情動的発達　52-58, 147
状況に対する生物学的感受性　39
情動調整　53-56
　　子どもの──　54, 55
　　母親の──　54
情動の調整不全　25, 53, 54
自律神経系　38-41
神経生物学的調整　97
侵襲的行動　88-89, 92, 95-96, 98
「人生早期の悲劇」　47, 50
身体的安全　68
身体的虐待　24, 32, 35, 111-113, 120, 121, 135
心的外傷後ストレス障害（Posttraumatic stress disorder：PTSD）　9, 18, 38, 57, 58, 66, 121, 128, 139
　　──をもつ母親　54
　　母親の──　54
心理生物学的調整　89, 99, 100
心理的安全　69

心理的虐待　　24, 32, 34
ストレス調整　　38
ストレス反応　　38
ストレスホルモン　　38
「静止した顔パラダイム」(Still Face Paradigm)　　54
精神病理の世代間伝達　　55
性的虐待　　24, 32, 35, 56, 121, 131, 137
生物学的リズム　　78
世界乳幼児精神保健学会（World Association for Infant Mental Health：WAIMH）　　141
接近探索行動　　56
選択的無視　　109
　　――スキル　　109
前頭前野　　41-43
全米実証的治療プログラムと実践（National Registry of Evidence-based Programs and Practices：NREPP）　　65
専門職発達ネットワーク（Professional Development Network）　　142
その瞬間のコメント　　90, 91, 92

た行

タイムアウト　　110, 118, 119
　　――ルーム　　118
多重虐待被害　　25-26
知的障害　　104
注意のコントロール　　46
挑発的行動　　25
治療同盟　　71
テロメア　　44, 45
　　――浸食　　45
闘争－逃走反応　　38
同調性　　87-88, 89, 95, 96, 97
トラウマ・サバイバー　　9
トラウマインフォームド　　20, 60
　　――・ケア　　11
　　――・支援システム　　20, 143
　　――・システム　　20, 25

トラウマ心理科学　　10
トラウマ体験　　17
トラウマのナラティブ　　69, 75-76, 78
トラウマフォーカスト認知行動療法（trauma-focused cognitive behavioral therapy）　　28
トラウマ出来事スクリーニング検査――親用改訂版（Traumatic Events Screening Inventory-Parent Report Revised）　　72

な行

内在化　　54, 56, 101
内省的ガイダンス　　77
内省的スーパービジョン　　83-84
認知的柔軟性　　46, 49, 99
ネグレクト　　24, 25, 33, 34, 39, 40, 44, 51, 52, 121, 133

は行

ハーヴァード子どもセンター（Center for the Developing Child at Harvard）　　144
ハリス乳幼児精神保健センター　　13, 18, 142
反抗的行為障害　　103
反応随伴性　　119
非指示的プレイセラピー　　101, 107
貧困　　17, 32, 43, 47, 48, 126
フィードバック面接　　73
ブカレスト早期介入プロジェクト（Bucharest Early Intervention Project：BEIP）　　39, 40
物質乱用　　23, 24, 26, 33, 68, 131
物質乱用・精神保健サービス局（Substance Abuse and Mental Health Services Administration：SAMHSA）　　64
「触れあいの大切さ」　　97
文化的価値観　　64, 126

分離不安障害　103
扁桃体　41-43, 44
暴力への介入プログラム（Violence Intervention Program）　143
ポストトラウマティックプレイ　117
「ほどほどによい」子育て　132

ま行

マッカーサー物語バッテリー（MacArthur Story Stem Battery）　65
マネージドケア　129
マルトリートメント　23, 32-36, 56, 58, 65, 66, 85, 86, 87, 98, 101
　子どもの——　32
ミネソタ親子縦断研究（Minnesota Longitudinal Study of Parents and Children）　51

や行

抑うつ状態の母親　65
抑制的コントロール　46, 49, 50

ら行

ライブコーチングセッション　109, 110
ルイジアナ州立大学健康科学センター　13, 18, 142
レジリエンス　20, 21, 31, 37, 57, 58, 100
レスポンスコスト法　118

わ行

ワーキングメモリー　46, 49, 50

人名索引

A
エインズワース（Ainsworth, M. D. S.） 57

B
バウムリンド（Baumrind, D.） 102
バーナード（Bernard, K.） 40, 87, 88, 91, 98, 100
ブレア（Blair, C.） 49
ブラッド（Blood, E. A.） 51
ボレゴ（Borrego, J., Jr.） 114
ボスケ・エンロウ（Bosquet Enlow, M.） 41, 51, 54
ブリッグス-ゴワン（Briggs-Gowan, M. J.） 17

C
キャロン（Caron, E. B.） 92
シャフィン（Chaffin, M.） 112
チェイス（Chase, R. M.） 103
シチェッティ（Cicchetti, D.） 50, 56, 66, 67
コーエン（Cohen, D. J.） 51
カートス（Courtois, C. A.） 9
コーウェル（Cowell, R. A.） 50

D
ドゥプリンス（DePrince, A. P.） 9, 13
ドージャー（Dozier, M.） 13, 40, 85, 86, 87, 90, 96, 98, 99, 100

E
エジェランド（Egeland, B.） 51
イースティ（Eigsti, I. M.） 50
エンサー（Ensor, R. A.） 48
エセックス（Essex, M. J.） 45
アイバーグ（Eyberg, S. M.） 101, 102, 103

F
フェルナンド（Fernald, A.） 47
フィンケルホー（Finkelhor, D.） 25, 26

G
ギー（Gee, D. G.） 42
ゴッシュ・イッペン（Ghosh Ippen, C.） 13, 66
ゴールド（Gold, S. N.） 9
グリーンバーグ（Greenberg, M. T.） 49
グローヴス（Groves, B. M.） 51
ガーウィッチ（Gurwitch, R.） 13

H
ハンフ（Hanf, C.） 102
ハート（Hart, B. B.） 47, 50
ヘンブリー-キジン（Hembree-Kigin, T. L.） 110
ホスティナー（Hostinar, C. E.） 100
ヒューズ（Hughes, C. H.） 48

K

ケンドール - タケット（Kendall-Tackett, K.）
59
キング（King, L.）　41
コチャンスカ（Kochanska, G.）　56

L

ラニアー（Lanier, P.）　112, 114
ランザ（Lanza, S. T.）　49
リーバマン（Lieberman, A. F.）　13, 66
リンド（Lind, T.）　99
ルビー（Luby, J.）　43

M

マランス（Marans, S.）　51
マーチマン（Marchman, V. A.）　47
モーガン（Maughan, A.）　56
マックローリン（McLaughlin, K. A.）
39
マックネイル（McNeil, C. B.）　110, 111, 112, 113, 114, 115
ミード（Meade, E. B.）　87, 91, 92
ミラー（Miller, W. R.）　112

N

ニューマン（Newman, E.）　9

P

パット - ホレンズイック（Pat-Horenczyk, R.）　54
パターソン（Patterson, G. R.）　102, 111

R

ローヅ（Rhoades, B. L.）　49
リフキン - グラボイ（Rifkin-Graboi, A.）
43
リズリー（Risley, T. R.）　47, 50
ロバーツ（Roberts, A. L.）　55
ロゴシュ（Rogosch, F. A.）　50, 66, 67
ロルニック（Rollnick, S.）　112

S

サムソン（Samson, J. A.）　44
シモンズ（Simons, R.）　98
ストロナック（Stronach, E. P.）　67
ストーゲ - アップル（Sturge-Apple, M. L.）　66

T

タイチャー（Teicher, M. H.）　44
トーマス（Thomas, R.）　113, 115, 119
ティマー（Timmer, S. G.）　117
トス（Toth, S. L.）　50, 65, 66, 67

U

ウルキサ（Urquiza, A. J.）　13, 111, 112, 113, 117

V

ヴァン・ホーン（Van Horn, P.）　13, 66

W

ワイズリーダー（Weisleder, A.）　47
ライト（Wright, R. J.）　51
ライト（Wright, R. O.）　51

Z

ツィンマー - ゲンベック（Zimmer-Gembeck, M. J.）　113, 115, 119
ザッカーマン（Zuckerman, B.）　51
ツワーリング（Zwerling, J.）　40

監訳者あとがき

　人間には、自他の心の世界に気づき、それを共有し合い、そして想い浮かべるという特有な心の働きがあります。人間が生きる社会とは、けっして人と人とが顔を合わせている社会だけではありません。人間は、自らの頭の中に自分と他者を想い浮かべ、その表象された社会の中でもさまざまな人々と生きようとするからです。想い浮かべた人と出会い、そこで語り合いながら、喜びや悲しみを分かち合おうとするのです。ですから、時に人間は、その出会いが生み出す体験の苦しさから目をそらすために、人との出会いを拒絶しようとするかのように冷たく険しい壁を心の中に構築しなければならないこともあります。人間は、現前する社会と表象された社会、それらが何層にも折り重なった社会の中で、自らを生きるべく運命づけられた存在なのだと思います。

　こうした人間に特有な社会で生きるために、子どもには、他者との高次な共同世界の構築を可能にさせるプログラムが生得的に備えられています。しかし、その生物学的なプログラムは、子育て環境の影響を受けずに発現するわけではありません。その発現には、適切な環境条件との出会いが予定されているからです。ですから、遺伝的にプログラムされた人間の生得的能力は、子育て環境の重要性を低めるものではありません。それはむしろ、その重要性をきわめて高いものにさせるのです。

　ジョイ・D・オソフスキーらが、2017年にアメリカ心理学会から刊行した本書（*Treating Infants and Young Children Impacted by Trauma: Interventions That Promote Healthy Development*）は、トラウマが乳児と幼い子どもたちに

およぼす衝撃を詳細に記述し、その影響を受けた子どもとその家族を援助するために有効なエビデンスに基づく心理療法を紹介したものです。読んでいただけるとわかりますが、子どもの虐待が1960年代から問題視され、その対応を検討してきたアメリカ合衆国でさえ、こうした心理療法を乳児やよちよち歩きの幼児に提供できるようになったのは最近のことであり、その環境整備はまだまだ不十分な状況にあります。オソフスキー先生は、かねてよりこうした状況に警鐘を鳴らしており、心をひどく傷つけられた子どもを支援するための組織作りとその発展、さらに実践活動に力を注ぎ続けてこられた高名な臨床家であり研究者でもあります。

　本書では、「子ども－親心理療法」（Child-Parent Psychotherapy：CPP）、「愛着・生体行動的回復療法」（Attachment and Biobehavioral Catch-Up Intervention：ABC療法）、「親子相互交流療法」（Parent-Child Interaction Therapy：PCIT）という3種類の心理療法が紹介されていますが、いずれの治療法でも親子関係の重要性が論じられています。幼い子どもたちの心の健康は、子どもの行動を理解し、心と体の安全を保護してくれる養育者との間で、温かく養護してもらう経験から生まれてくるからです。しかし、これらの心理療法には違いがあり、適用できる子どもと親は慎重に選択されなければなりません。本書では最後に、どの治療法が誰に有効なのかという点についても解説がなされ、また適用された事例を見ることができます。これも本書を読まれる保育園の保育士、幼稚園教諭、乳幼児施設の職員、助産師、看護師、小児科医、精神科医、そして臨床心理士・公認心理師など、乳幼児に直接対応される臨床家にとっておおいに参考になるものだと思います。ただし、育児文化の異なるわが国で、こうした乳幼児に対する心理療法をどのようにあつかえば有効なのか、その臨床実践の経験と効果測定の研究が必要であることは申すまでもありません。

　本書を翻訳したのは、心理臨床家としてさまざまな問題を抱える子ど

もたちとその家族の臨床実践に取り組んでいる小室愛枝さんです。彼女は、アメリカ合衆国ボストン・カレッジの大学院で心理臨床の修士課程を修了し、現地で学校臨床も体験してきた若手の有能な心理臨床家です。たいへんわかりやすい日本語に訳出してくれました。また、編集をご担当いただいた日本評論社第三編集部の植松由記さんには、今回も制作上の編集にとどまらず、訳出上でも的確なご示唆を数多くいただきました。私もまた本書の訳出には力を注ぎましたが、お二人の力がなければ、本書の刊行はなかったように思います。また、翻訳にあたって、早稲田大学文学学術院のジェームズ・バーダマン名誉教授ならびにステファン・ライアン教授にもお世話になりました。変わらぬご支援にお礼を申し上げます。

　私事になりますが、オソフスキー先生は私にとって忘れられない方です。1996年フィンランドの美しい古都タンペレにあるタンペレ大学で開催された世界乳幼児精神保健学会（World Association for Infant Mental Health：WAIMH）において、国際学会で初めて研究発表をしたときの大会会長がオソフスキー先生だったからです。また、この学会の前日、ヘルシンキに到着したフィンエアが大幅に遅延し、北に200kmほど離れたタンペレまで、当時東京都立大学にいらっしゃった馬場禮子先生とフィンエアが用意した小型のバンで一緒に移動したことも懐かしい思い出です。

　さて、「子宝」という言葉を耳にすることがなくなり、少子化が進行する世の中になりました。子育て忌避の心性が垣間見られると感じられることさえあります。それに由来するかのように被虐待児が増え、発達に遅れを見せる乳幼児のことも心配です。他方、子育てに熱心に協力する父親もよく見かけるようになり、保育園での卒園式で、ご飯を作ってくれる父親に感謝の言葉を口にする子どもが増えたように感じます。現代は、もはや子育てをお母さんだけの仕事にはできない時代になりました。お父さんはもちろん、お祖父さんやお祖母さん、さらに地域の人々

の協力を得た「共育」が必要な社会になっています。そんな社会が、子どもたちの心を健康に育み、信頼できる自己感や他者感を生み出してくるからです。豊かで健全な社会を発展させるために、私たちにはそうした心をもった子どもたちを育てていく使命が課せられています。

　最後になりますが、この訳書が、わが国の多くの人々に、子育てのもつ意味、その影響の大きさを伝え、子どもと養育者、そして社会にとって役に立つものになることを心より願っています。

　　2018年11月30日

　　　　　　　　　　　　　　　冬鳥の安らぎ浮かぶ多摩湖畔にて

　　　　　　　　　　　　　　　　　　　　　大　藪　　泰

●著者紹介

ジョイ・D・オソフスキー（Joy D. Osofsky, PhD）は、臨床発達心理学者であり、ニューオーリンズにあるルイジアナ州立大学健康科学センター（LSUHSC）の精神科のポール・J・ラムゼイ記念教授ならびに小児科と精神科の教授である。また、LSUHSCのハリス乳幼児精神保健センターのセンター長でもある。学術的な業績を見ると、9冊の書籍を執筆・編集している。その中には『乳幼児発達ハンドブック Handbook of Infant Development』と『トラウマを受けた子どもの治療 Clinical Work With Traumatized Young Children』があり、世界乳幼児精神保健学会（WAIMH）から刊行された『WAIMH 乳幼児精神保健ハンドブック WAIMH Handbook of Infant Mental Health』の共編者でもある。また、アメリカ乳幼児・家族センターゼロトゥースリー（ZERO TO THREE: National Center for Infants, Toddlers and Families）ならびにWAIMHの会長という要職を務めた経歴がある。2016年には『臨床心理学ハンドブック Handbook of Clinical Psychology』で乳幼児精神保健を担当し、冒頭の第1章を執筆した。2005年にルイジアナ州に上陸したハリケーン・カトリーナや2010年のメキシコ湾原油流出事故後の緊急対応と復旧において、アメリカ湾岸地域でリーダーシップの役割をとった。2007年には、国際トラウマティック・ストレス学会（International Society for Traumatic Stress Studies）から、そのトラウマ領域の研究と臨床活動を対象に、サラ・ヘイリー記念賞（Sarah Haley Memorial Award）を受けている。また2010年には、彼女のハリケーン・カトリーナ直後の活動に対して、アメリカ精神医学会（American Psychiatric Association）から会長賞を付与されている。さらに、乳幼児精神保健領域での指導力、また子どもと家族の健康と福祉への顕著な貢献に対して、2014年レジナルド・ルーリー賞（Reginald Lourie Award）の栄誉に浴している。コミュニティとDV、マルトリートメント、トラウマ、大災害を受けた乳幼児と家族に対する研究、介入、さらに臨床活動を実践し、またゼロトゥースリーの赤ちゃんの安全促進裁判所チーム（Safe Babies Court Teams）に対する臨床コンサルタントを務めている。現在は、物質乱用・精神保健サービス局（Substance Abuse and Mental Health Services Administration）による主導的な資金援助を受けたアメリカ国立子どもトラウマティックストレス・ネットワークセンター（National Child Traumatic Stress Network Center）にある、テロリズムと大災害を受けた子どもと家族のレジリエンス支援連合（Terrorism and Disaster Coalition for Child and Family

Resilience）の共同研究代表者である。また、州や国の立法者や政策立案者が児童とりわけ幼い子どもの行動的健康ニーズを理解するための支援の重要な役割を演じている。

フィリップ・T・ステプカ（Phillip T. Stepka, PsyD）は、LSUHSC の臨床精神科の専任講師であり、ハリス乳幼児精神保健センターの教員メンバーとして働いている。関心領域は、生涯におけるストレス、子どものマルトリートメント、乳幼児の精神的健康、胎児へのアルコールの影響と病的現象、広汎性発達障害、性的虐待と性行動問題、軍人家族のリスクとレジリエンス要因などである。アメリカ国立子どもトラウマティックストレス・ネットワークセンターである物質乱用・精神保健サービス局基金による、早期トラウマ治療ネットワーク（Early Trauma Treatment Network）の LSUHSC サイトのプロジェクト調整役として働いている。子ども－親心理療法（CPP）の全米トレーナーであり、全米の幼い子どもたちに対して他の科学的知見に基づく実践の適用に関するコンサルタントをしている。南ルイジアナにあるベル・チャッセ海軍飛行場／共同予備軍基地で生活する軍人の子ども、その家族、また教育者に対して、評価、治療、相談サービスを提供している。また、軍人家族擁護プログラムと協働しながら、配置される養育者と子どもに向けたレジリエンス構築志向的介入の育成と実行を促し、虐待、ネグレクト、DV がある軍人家族に多くの専門分野にまたがった治療を提供している。

ルーシー・S・キング（Lucy S. King, BA）は、スタンフォード大学心理学部の博士課程の学生であり、環境的な逆境が生後数ヵ月から青年期までの心理生物学的発達に対してもつ衝撃を研究している。その関心領域には、初期環境がもつ肯定的・否定的側面を測定する新たな方法、ストレス反応系の発達におよぼす養育行動の影響がある。ボストン子ども病院と LSUHSC の精神医学部で研究者の地位にあった経歴がある。乳幼児期と児童期に受けた養育、早期ストレス体験、そして生物学的な反応性や調整力との間にある関連性を明確にする、査読を受けた研究を公刊・発表している。また、甚大な自然災害と科学技術災害にさらされた子どもと青年の発達精神病理に関する研究も行ってきた。アメリカ国立科学財団（National Science Foundation）からの大学院研究生用奨学金を受給している。

●監訳者紹介────

大藪　泰（おおやぶ・やすし）

［略歴］1951年神戸市生まれ。早稲田大学第一文学部心理学専修卒業、同大学院文学研究科心理学博士課程（心理学専攻）満期退学。長野大学産業社会学部専任講師、早稲田大学文学部助教授、教授を経て、現在は早稲田大学文学学術院文化構想学部教授、博士（文学）。早稲田大学第一・第二文学部長、文化構想学部長、文学学術院長を歴任。

［最近の業績］『発達科学ハンドブック9　社会的認知の発達科学』（新曜社、2018、分担執筆）、『講座・臨床発達心理学3　認知発達とその支援』（ミネルヴァ書房、2018、分担執筆）、『乳幼児精神保健の基礎と実践』（岩崎学術出版社、2017、分担執筆）、『人間関係の生涯発達心理学』（丸善出版、2014、共著）、『乳児の対人感覚の発達─心の理論を導くもの』（新曜社、2014、単訳）、『赤ちゃんの心理学』（日本評論社、2013、単著）など。

●訳者紹介────

小室愛枝（こむろ・よしえ）

［略歴］1982年川崎市生まれ。臨床心理士・特別支援教育士。早稲田大学第一文学部心理学専修卒業。Boson College, Lynch Graduate School of Education, Mental Health Counseling 修了。学生相談室、精神科・心療内科等での勤務を経て、現在はNPO法人らんふぁんぷらざ、横浜市幼児相談、東京都特別支援教室巡回相談（心理）にて勤務。

［最近の業績］『虐待・DV・トラウマにさらされた親子への支援─子ども‐親心理療法』（日本評論社、2016、共訳）。

虐待・トラウマを受けた乳幼児の心理療法
――発達と愛着の回復をめざして

2019年3月15日　第1版第1刷発行

著　者――ジョイ・D・オソフスキー
　　　　　フィリップ・T・ステプカ
　　　　　ルーシー・S・キング
監訳者――大藪　泰
訳　者――小室愛枝
発行所――株式会社　日本評論社
　　　　　〒170-8474　東京都豊島区南大塚3-12-4
　　　　　電話 03-3987-8621（販売）-8598（編集）　振替 00100-3-16
印刷所――港北出版印刷株式会社
製本所――株式会社難波製本
装　幀――図工ファイブ

検印省略　Ⓒ Yasushi Oyabu 2019
ISBN978-4-535-56368-1　Printed in Japan

JCOPY　〈（社）出版者著作権管理機構　委託出版物〉
本書の無断複写は著作権法上での例外を除き禁じられています。複写される場合は、そのつど事前に、（社）出版者著作権管理機構（電話 03-5244-5088、FAX 03-5244-5089、e-mail: info@jcopy.or.jp）の許諾を得てください。
また、本書を代行業者等の第三者に依頼してスキャニング等の行為によりデジタル化することは、個人の家庭内の利用であっても、一切認められておりません。

虐待・DV・トラウマに さらされた親子への支援
──子ども-親心理療法

愛着の観点から、子どものトラウマを治療するとは

アリシア・F・リーバマン
シャンドラ・道子・ゴッシュ・イッペン
パトリシア・ヴァン・ホーン【著】
渡辺久子【監訳】
佐藤恵美子・京野尚子・田中祐子・小室愛枝【訳】

見過ごされがちだが、乳幼児期のトラウマの影響は大きい。豊富な事例をもとにした、心病む幼い子どもと親を支える具体的な手引き。

◆本体 2,400円+税／A5判

赤ちゃんの心理学

大藪 泰【著】　◆本体 2,200円+税／A5判

発達心理学は、ことばのない赤ちゃんの心の世界をどこまで明らかにしているのか。その最新の知見をやさしく丁寧に解説する。

目次
- 第1章 泣き声のメッセージ
- 第2章 微笑は心を結ぶ
- 第3章 眠りと目覚めのリズム
- 第4章 胎児とユニモダリティ
- 第5章 マルチモダリティと運動
- 第6章 物を知る
- 第7章 自分に気づく
- 第8章 人と出会う
- 第9章 母と子のリズム
- 第10章 模倣の不思議
- 第11章 意味世界への誘い
- 第12章 お母さんは安全の基地
- 第13章 素直な反抗と遊びの世界
- 第14章 子どもと離れるとき
- 第15章 心を病むとき・癒すとき
- 補　遺 息子への手紙

日本評論社
https://www.nippyo.co.jp/